気負わず作れて
満たされる

よりそいごはん

咲

KADOKAWA

Prologue

今日はなんだかお疲れ気味だなぁ。
スーパーのお惣菜か、出前で済ませちゃおうか。
でも、お店のごはんは、油や塩分多めでちょっと重い。
おうちで簡単に "やさしいごはん" が作れたら……。

本書は、そんなあなたによりそうレシピ本です。

実はわたしも、皆さんと同じく
毎日の献立に悩む、普通の主婦。
働き者の夫、小学生の娘と一緒に
のんびり3人暮らしをしています。
家族の好みや気分、体調に合わせたごはんを作ってあげたい。
とくに娘は発達障がいと卵アレルギーを持っているので、
本人のこだわりや体質に合わせた、
やさしい味付けのお料理を──。
そうしてたどり着いたのが、
このレシピ本に載っている「よりそいごはん」です。

一生懸命考えた、とっておきのレシピなので
せっかくならばとSNSに公開してみたところ、
思いがけず「いいね」をたくさんもらい、
皆さんから「やさしい味」「ほっこりする」と
ご好評をいただいています。

毎日のごはんは、すこやかな体と心を支える大切なもの。
本書が少しでも、皆さんの暮らしのたすけになればと願います。

咲

体と心がよろこぶ「よりそいごはん」のルール

1 やさしい味付け

塩分は控えめに。その分、しょうがや梅干し、大葉、柚子こしょうなどでアクセントを。

2 素材の味をたのしむ

シンプルな組み合わせで、主役になる食材の地の味を最大限引き出すのが咲流。

3 栄養たっぷり

お肉や卵、野菜をふんだんに使って、心と体に活力をしっかりチャージ。

4 作り方もやさしい

難しい工程はありません。材料を混ぜるだけ、炊飯器に入れるだけ、などなど。

5 買い出しは週1回、普通のスーパーで大丈夫

どこのご家庭にもある一般的な食材が基本です。買い物も少なく済ませましょう。

調理をはじめる前に

● 大さじ1は15cc、小さじ1は5cc、1カップは200ccです。

● めんつゆは3倍濃縮を使用しています。

● 野菜類は基本洗う、皮をむく、ヘタを取るなどの工程を省いています。

● 家庭用コンロ、IHヒーター等の機種によって火力、出力が異なる場合があります。

● 加熱時間はあくまで目安です。様子を見て加減してください。本書では電子レンジの加熱時間を主に600Wで記載しています。500Wの場合は1.2倍にして調整してください。

● トースターの加熱時間は、レシピに合わせて500Wか1000W対応で記載しています。機種により異なることがありますので調整してください。

● 炊飯器は5.5合炊きを使用しています。メーカーによって仕上がりに若干差が出る場合があるので、調整してください。また、同時調理は筆者の調理環境および当レシピ本撮影で問題なく仕上がることを確認していますが、機種によっては危険が伴うことがあります。お手持ちの炊飯器の取り扱い説明書を確認してから調理してください。

Contents

Part 1 おなかも心も満たされる 定番おかず

Part 2 素材の味をじっくりたのしむ 野菜のおかず

Staff

スタイリング／小坂 桂
撮影／黒坂明美
撮影協力／UTUWA
調理補助／斎藤美佳子、池上悦美、桐田芽求美、梅野知代
デザイン／蓮尾真沙子、狩野聡子 (tri)
イラスト (p.38、p.61) ／咲
DTP／柳本慈子
校正／聚珍社
編集／吉原彩乃、水本晶子、伊藤延枝

Part
1

おなかも心も
満たされる

定番おかず

「今日は何食べよう?」
献立を作るとき、最初に考えるのがメインになるお料理。
食卓の真ん中にいてくれるだけでわたしも家族もにっこりする、
時間も手間もかからない定番料理をご紹介。

鶏肉のおかず

わが家のねぎだれチキン

● 材料（2人分）

鶏むね肉…1枚
片栗粉…大さじ2
サラダ油…大さじ2

★
- 長ねぎ（みじん切り）…1/2本分
- いりごま…小さじ1
- 砂糖…小さじ1/2
- こしょう…少々
- にんにく（チューブ）…2〜3cm
- めんつゆ…大さじ1
- ポン酢…大さじ1

● 作り方

1 鶏肉は大きめのそぎ切りにし、ポリ袋に入れて片栗粉をまぶす。

2 フライパンにサラダ油を中火で熱し、鶏肉を両面揚げ焼きにしたら、★を加えて炒め合わせる。

片栗粉で
うまみをぎゅっ！

みんな大好きな味を
さっぱりアレンジ

お酒にも合う
絶品おかず

ヘルシーチキン南蛮

● 材料（2人分）

鶏むね肉…1枚
きゅうり…1本
にんじん…¼本
薄力粉…適量
サラダ油…大さじ1

A
┌ プレーンヨーグルト（無糖）…大さじ2
│ 塩こしょう…少々
│ ウスターソース…小さじ1
└ マヨネーズ…大さじ1

B
┌ 砂糖…大さじ1
│ 酢…大さじ1.5
│ しょうゆ…大さじ1.5
└ みりん…大さじ2

● 作り方

1 きゅうりとにんじんは粗みじん切りにし、塩（分量外）をふって水けをしぼり、Aを加え混ぜる。

2 鶏肉をそぎ切りにし、薄力粉をまぶす。

3 フライパンにサラダ油を中火で熱し、2を入れる。こげ目がついたら裏返し、ふたをして弱火で5分蒸し焼きにする。

4 キッチンペーパーで余分な油を拭き取り、Bをからめる。

5 4に1をかけて完成。お好みで千切りキャベツとミニトマトを添える。

鶏ひき肉のふわとろ焼き

● 材料（2人分）

鶏ひき肉…100g
長いも…200g
かつおぶし…お好みの量
刻みのり…お好みの量

★
┌ 卵…1個
│ ピザ用チーズ…½カップ
│ 万能ねぎ…適量
└ しょうゆ…小さじ½

● 作り方

1 長いもは皮をむき、ボウルにすりおろして入れる。鶏肉と★を加えて混ぜる。

2 耐熱皿に1を流し入れ、1000Wのトースターで15分ほど焼く。焼き上がったら、かつおぶし、刻みのりをのせる。

とろ～り胃腸に
しみわたる

鶏むね肉の
みぞれ煮の卵とじ

● 材料（2人分）

鶏むね肉… 1枚
大根… 5cm
卵… 2個
青ねぎ（刻み）…適量
片栗粉…適量

★
- 水… 150㎖
- めんつゆ…大さじ2
- しょうゆ…小さじ1
- みりん…大さじ2
- しょうが（チューブ）… 2〜3cm

● 作り方

1 鶏肉は縦半分に切ってからそぎ切りにし、塩少々（分量外）をふる。片栗粉をまぶす。

2 なべにすりおろした大根と★を入れ、沸騰したら1を1枚ずつ入れる。弱火で少し煮たら、軽く混ぜ、ふたをして弱火で2分煮る。

3 卵を溶きほぐして2回に分けて流し入れ、半熟状に火を通し、青ねぎを散らす。

一品ごはん級の
食べごたえ

鶏むね肉とじゃがいもの
カリカリ焼き

● 材料（2〜3人分）

鶏むね肉… 1枚分
じゃがいも… 2個分
薄力粉…大さじ2
鶏ガラスープの素…小さじ1
塩こしょう…少々
サラダ油…適量

● 作り方

1 鶏肉は細切り、じゃがいもは千切りにする。

2 ボウルにサラダ油以外の材料をすべて入れ、よく混ぜ合わせる。

3 フライパンにサラダ油を中火で熱し、1を入れて丸く広げる。

4 焼き目がつくまで中火で焼き、裏返してふたをしたら、弱火で5分蒸し焼きにして完成。

鶏むね肉の梅みそ焼き

● **材 料**（2人分）

鶏むね肉… 1枚
薄力粉…適量
サラダ油…適量

★
- 梅干し…小3個（チューブでもよい）
- 砂糖…小さじ1
- しょうゆ…小さじ1
- 酒…大さじ1
- みりん…大さじ1
- みそ…大さじ1

● **作り方**

1　梅干しは種を出して包丁でたたく。

2　鶏肉をひと口大にそぎ切りにし、薄力粉をまぶす。

3　フライパンにサラダ油をひき、2を3分ほど中火で焼いたら、裏返してふたをし、弱火で4〜5分蒸し焼きにする。

4　★の梅みそだれを加え、全体にからめる。お好みで千切りキャベツを添える。

梅の風味がさわやか

● **材 料**（2人分）

鶏むね肉… 1枚
小松菜… 2株
キクラゲ… 9g
サラダ油…適量

A
- 塩こしょう…少々
- 片栗粉…大さじ1
- 酒…大さじ1

B
- 鶏ガラスープの素…小さじ2
- 片栗粉…小さじ1
- 水…大さじ1
- 酒…大さじ2
- みりん…大さじ1
- しょうが（チューブ）… 3cm

● **作り方**

1　キクラゲは水で戻し、食べやすい大きさに切る。小松菜は3〜4cmの長さに切る。

2　鶏肉はそぎ切りにしてから棒状に切り、Aを加えてもみ込む。

3　フライパンにサラダ油を中火で熱し、2を入れてほぐしながら炒める。

4　鶏肉の色が変わったら小松菜、キクラゲを加え炒める。

5　全体がしんなりしたら、Bを回し入れ、サッと炒める。

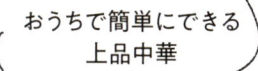
おうちで簡単にできる上品中華

鶏むね肉と小松菜の中華炒め

鶏むね肉の
ひと口フライドチキン

● **材料**（2人分）

鶏むね肉…1枚
サラダ油…大さじ2〜3

A
コンソメ…小さじ1
しょうが（チューブ）…3cm
にんにく（チューブ）…2cm
マヨネーズ…大さじ1

B
パン粉…1/2カップ
粉チーズ…大さじ1
片栗粉…大さじ1.5

● **作り方**

1 鶏肉はひと口大のそぎ切りにし、ポリ袋にAと一緒に入れてよくもみ込む。

2 別のポリ袋にBを入れ、混ぜ合わせて衣を作り、1を入れてまぶす。

3 フライパンにサラダ油をひいて中火で熱し、2を両面揚げ焼きにする。

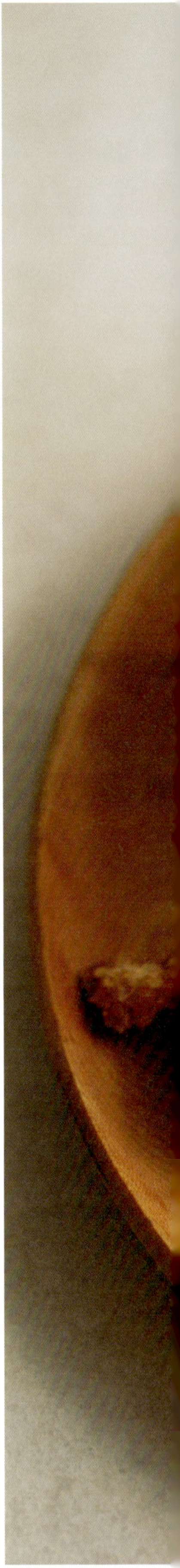

ヘルシー
ジャンキーな一品

豊かなごまの
香りが広がる

ごま風味ヘルシーから揚げ

● 材料 (2人分)

鶏むね肉…1枚
薄力粉…大さじ2
片栗粉…大さじ2
オリーブオイル…大さじ3

★
いりごま…大さじ1
しょうゆ…大さじ1
酒…大さじ1
しょうが（チューブ）…5㎝

● 作り方

1 鶏肉は大きめのそぎ切りにする。ポリ袋に鶏肉と★を入れてもみ込み、5分ほど漬ける。

2 1の汁けを切り、新しいポリ袋に入れる。薄力粉と片栗粉を加え、全体にまぶす。

3 フライパンにオリーブオイルを弱めの中火で熱し、2を4分揚げ焼きしたら裏返して、肉に火が通るまでさらに3分揚げ焼きにする。お好みで千切りにしたキャベツとにんじんを添える。

やさしいお味の
鶏チリ決定版

鶏 チリ

● 材料（2人分）

鶏むね肉… 1枚
薄力粉…大さじ2
サラダ油…大さじ2
★
　砂糖　小さじ2
　鶏ガラスープの素…小さじ2
　酒…大さじ1
　しょうゆ…小さじ½
　みりん…大さじ1
　ケチャップ…大さじ3

● 作り方

1 鶏肉は大きめのそぎ切りにし、ポリ袋に入れて薄力粉をまぶす。

2 フライパンにサラダ油をひき、鶏肉を並べて両面を焼く。火が通ったら★を加えてからめる。

— memo —

鶏むね肉をそぎ切りにし、薄力粉をまぶして冷凍すると、炒めるときにしっとりして、たれがからみやすいから便利。

手羽元のオーロラソース風焼き

● 材料 (2〜3人分)

手羽元 (8〜9本)

★
- 酒…大さじ1
- ケチャップ…大さじ2
- マヨネーズ…大さじ2
- はちみつ…小さじ2
- しょうが (チューブ)…4〜5cm
- にんにく (チューブ)…4〜5cm

● 作り方

1 手羽元は★で下味を付け、10分ほどなじませる。

2 200℃に予熱したオーブンで30分焼く。

おもてなしにも
ぴったり

手羽先の甘辛しょうゆオーブン焼き

● **材料**（2〜3人分）

手羽先…8本

★
- しょうゆ…大さじ2
- 酒…大さじ1
- みりん…大さじ1
- はちみつ…小さじ2
- しょうが（チューブ）…3㎝
- にんにく（チューブ）…3㎝

● **作り方**

1　手羽先は★で下味を付け、10分ほどなじませる。

2　220℃に予熱したオーブンで20〜25分焼く。

見た目も豪華で食べごたえ満点

23

豚こまお麩から揚げ

● **材料**（2人分）

豚こま切れ肉…100g
おつゆ麩…12個
大葉…4〜5枚
梅干し…小さめ2個
（チューブでもよい）
片栗粉…大さじ2
サラダ油…適量
★ ┌ 砂糖…小さじ1/2
　 │ こしょう…少々
　 └ しょうゆ…小さじ1

● **作り方**

1 お麩は水で戻す。大葉はみじん切り、梅干しは種を取って包丁でたたく。

2 ボウルに水けをしぼったお麩、豚肉、大葉、梅干し、★を加えてもみ、からめる。

3 お麩に豚肉を巻くようにして丸め、片栗粉をまぶす。

4 フライパンにサラダ油を深さ2cmほど注ぎ、揚げ焼きにする。お好みでレタスを添える。

梅風味の
もちもち新食感

ごはんが進む
やみつき味

カリカリ豚こまの甘辛炒め

● **材料**（2人分）

豚こま切れ肉…150g
キャベツ（千切り）…適量
薄力粉…大さじ1
サラダ油…小さじ2

★
- 砂糖…小さじ2
- しょうゆ…大さじ1
- 酒…大さじ1
- みりん…大さじ1
- にんにく（チューブ）…2cm

● **作り方**

1 フライパンに豚肉を入れ、ばらしながら薄力粉を両面につけて平たく並べる。

2 サラダ油を上から回し入れ、中弱火で3分ほど触らずに焼く。

3 カリカリになったらひっくり返して、中まで焼く。

4 ★を入れ、中火でほぐしながらからめる。

5 お皿にキャベツを盛り、4をたれごとのせる。

こんにゃく使用で
お財布にもやさしい

豚肉とこんにゃくのチンジャオロース

● **材料**（2〜3人分）

豚ロース薄切り肉…150g
こんにゃく…1枚
長ねぎ…½本
ピーマン…3個
しょうゆ…小さじ1
にんにく（チューブ）…2cm
ごま油…少量
サラダ油…適量

A
- 片栗粉…小さじ2
- しょうゆ…小さじ1
- 酒…小さじ1

B
- 砂糖…小さじ1
- 鶏ガラスープの素…小さじ1
- しょうゆ…大さじ½
- 酒…小さじ1
- 中濃ソース…小さじ1

● **作り方**

1 豚肉、こんにゃく、ピーマンは細切り、長ねぎは粗みじん切りにする。

2 1のこんにゃくを下ゆでし、水けを切って、しょうゆ、にんにくをもみ込む。

3 細切りにした豚肉をポリ袋に入れ、**A**をもみ込む。

4 フライパンにサラダ油を中火で熱してねぎを炒め、3の豚肉を加えてさらに炒める。

5 肉がほぐれたら2のこんにゃくとピーマンを加えて炒め、**B**で味付けをしてサッと炒め、仕上げにごま油を回しかける。

ササッとできて
味わい深い

炒めるだけ肉ごぼう

● **材料**（2人分）

豚こま切れ肉…100g
ささがきごぼう…½本分
サラダ油…適量

★ ⎡ 砂糖…大さじ1
　⎜ しょうゆ…大さじ2
　⎜ 酒…大さじ1
　⎣ みりん…大さじ2

● **作り方**

1　フライパンにサラダ油を熱し、豚肉、
　　ささがきごぼうを炒める。

2　★の調味料を入れ、汁けがなくなる
　　まで炒める。

— memo —

白いごはんのおともに
しっかりと味をしみ込ませているので、
白いごはんが進みます。

味しみこんにゃくで
しみじみおいしい

こんにゃくの薄切り肉巻き

● **材料**（2人分）

こんにゃく…1枚
豚ロース薄切り肉…8枚
サラダ油…適量

A
- しょうゆ…小さじ1
- にんにく（チューブ）…2cm

B
- 砂糖…小さじ1
- しょうゆ…大さじ1
- 酒…大さじ1
- みりん…大さじ1
- しょうが（チューブ）…3cm

● **作り方**

1 こんにゃくは両面に格子状の切り込みを入れて、8等分の棒状に切る。

2 熱湯でこんにゃくを3分ゆで、水けを切ってAをもみ込む。

3 2に豚肉を巻き付け、フライパンにサラダ油を強火で熱し、並べ入れる。

4 こんがり色づくまで転がしながら焼き、Bを加えて味をからめる。

ゆで豚のみそ野菜あんかけ

● **材料**（2人分）

豚しゃぶしゃぶ用肉…250g
ピーマン…2個
しいたけ…2～3枚
鶏ガラスープの素…小さじ1
片栗粉…小さじ2
酒…大さじ1
★┌ 砂糖…大さじ1
　│ みそ…大さじ1
　└ しょうが（チューブ）…3～4cm

● **作り方**

1　ピーマンとしいたけは細切りにする。

2　なべに水200㎖（分量外）と鶏ガラスープの素、酒を入れて煮立たせたら、豚肉を入れてゆでる。火が通ったら引き上げてお湯を切る。

3　2のゆで汁にピーマンとしいたけ、★を入れ、煮立ったら片栗粉を水大さじ2（分量外）で溶いて加え、とろみをつける。

4　器に2を盛り、3をかける。

焼きロールキャベツ

● 材料 (2人分)

キャベツ…4枚
ごはん…茶碗2杯ぐらい
いりごま…適量
焼き肉のたれ…大さじ1.5
ごま油…小さじ1
★ みりん…小さじ2
　 みそ…大さじ1

● 作り方

1 キャベツはしんなりするまでレンジで加熱して、芯を切り落とす。

2 ごはんに焼き肉のたれ、いりごまを加え混ぜ、4等分にして俵型にする。

3 キャベツの上に★を混ぜたものを塗り、2をのせて手前から巻く。

4 フライパンにごま油を熱し、両面に焼き色がつくまで焼く。

白菜のとろとろクリームシチュー

● 材料 (2人分)

白菜…2〜3枚
ハム…4枚
にんじん…½本
薄力粉…大さじ2
牛乳…200㎖
オリーブオイル…大さじ½
★ コンソメ…大さじ1
　 水…200㎖

● 作り方

1 白菜、ハム、にんじんは角切りにする。

2 なべにオリーブオイルをひき、白菜、にんじんをしんなりするまで炒める。

3 ★を加えて混ぜてからふたをして、野菜がやわらかくなるまで中火で煮る。

4 ボウルに薄力粉を入れ、牛乳を少しずつ加えながら混ぜ合わせる。

5 3に4をゆっくりと加え、ハムを入れ、とろみがつくまでやさしく混ぜる。

ごはん入りで
メイン級ボリューム

素材の味が
しみわたる

あっさりなのに
クセになる味

お肉を使わない
がっつりおかず

カレー風味のひと口サーモンカツ

● **材料** (2人分)

サーモン刺身用… 1サク (200gくらい)
塩こしょう…少々
カレー粉…小さじ1
マヨネーズ…大さじ3
パン粉…適量
サラダ油…大さじ3

● **作り方**

1　サーモンは1cmほどの厚さに切り、塩こしょうをする。

2　ボウルにサーモン、カレー粉、マヨネーズを入れて混ぜる。

3　2のサーモンにパン粉をまぶす。

4　フライパンにサラダ油を入れ、揚げ焼きにする。お好みでパセリを添える。

甘だれ豆腐ステーキ

● **材料** (2人分)

木綿豆腐… 1丁 (300g)
片栗粉 …適量
青ねぎ…適量
サラダ油…大さじ1
★ [焼き肉のたれ… 大さじ3
　 はちみつ…小さじ2

● **作り方**

1　豆腐をキッチンペーパーで包み、耐熱皿にのせ、ラップをせずに600Wのレンジで2分加熱して水けを切る。

2　粗熱が取れたら豆腐を1cm幅くらいに切り、片栗粉をまぶす。

3　フライパンにサラダ油を熱し、豆腐を両面こんがり焼いたら、★を加えてからめる。

4　器に盛り、青ねぎを散らして完成。

ワンパン麻婆春雨

● 材料（2〜3人分）

ひき肉（鶏でも豚でも）… 200g
長ねぎ（みじん切り）… ½本分
緑豆春雨… 50g
塩こしょう… 少々
にんにく（チューブ）… 2〜3cm
しょうが（チューブ）… 2〜3cm
ごま油… 小さじ1

★
- 砂糖… 小さじ2
- 鶏ガラスープの素… 小さじ1
- 水… 300㎖
- 酒… 大さじ1
- めんつゆ… 大さじ3

● 作り方

1 フライパンにごま油をひいて、にんにく、しょうが、ねぎを炒める。

2 香りが立ったらひき肉を加え、塩こしょうをしてさらに炒める。

3 ★を加え、沸騰したら春雨を入れる。全体を混ぜながら、中弱火で7〜8分煮る。春雨がやわらかくなったら、ごま油（分量外）を回しかけて完成。

麻婆春雨風なべ

● 材料（2〜3人分）

豚ひき肉… 200g
もやし… 1袋
緑豆春雨… 50g
ごま油… 大さじ½

A
- 砂糖… 大さじ1
- みそ… 大さじ2
- しょうが（チューブ）… 3〜4cm
- お好みで豆板醤

B
- 鶏ガラスープの素… 小さじ1
- 水… 400㎖
- 酒… 大さじ1

● 作り方

1 なべにごま油を中火で熱し、豚肉とAを入れて炒める。

2 Bを加えて沸騰するまで温め、もやし、春雨を入れる。ふたをして5分ほど煮る。

ビーフン感覚で
するする食べられる

シンプルな食材で
簡単中華

えのき入り
柚子こしょう麻婆豆腐

いつもの麻婆豆腐を
さわやかに

● **材料**（1人分）

豚ひき肉…70gくらい
絹ごし豆腐（さいの目切り）…1パック（150g）
えのき（2cm長さに切る）…¼袋分
長ねぎ（みじん切り）…4cm分
ごま油…適量

★
- 砂糖…小さじ½
- 鶏ガラスープの素…少々
- しょうゆ…小さじ½
- 酒…大さじ1
- 柚子こしょう…小さじ1

● **作り方**

1 フライパンにごま油を熱して豚肉を入れ、ぽろぽろになるまで炒める。

2 えのきを加え、さらに炒める。

3 ★と水100㎖（分量外）、豆腐を加え、煮立ったら弱火で5分ほど煮る。

4 水溶き片栗粉（分量外、片栗粉小さじ1を水小さじ1で溶いたもの）を加え、混ぜる。とろみがついたら、ねぎを加えてさっと煮る。

かしこい買い出し術

こまごまと買い出しに行くのは大変。
でも、一度にたくさん買って食材を傷めたら、もったいないし……。
いろいろ悩んだ末に編み出した、わたしの買い出し＆ストック術を公開。

週に1度のまとめ買い 我が家のルール（★日曜午前スーパーで購入）

☆ 肉・魚は平日5日分購入（主に夕食用）

- 鶏胸肉 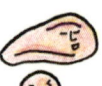   そぎ切りにして小麦粉をまぶして冷凍
- 鶏手羽元   タンドリーチキン用やオーロラソース風に下味をつけて冷凍
- ひき肉   ラップで包んで小分けにして冷凍
- 豚こま切れ
- 生鮭  一口大に切り塩をふり片栗粉をまぶして冷凍

★ 魚はその時に安いもの、冷凍むきエビやシーフードミックスしらすもよく購入

☆ 私のひとりお昼用に練り製品購入（手軽にお魚のたんぱく質摂取）

- かまぼこ ・魚肉ソーセージ
- ちくわ ・カニカマ

☆ 野菜

- ・日持ちのする にんじん、玉ねぎ、じゃがいも は 買う
- もやし  さっと少でて水けをきり 塩とごま油で下味をつけてから冷凍

- ・冷凍野菜（2種購入）
  - ・オクラ ・ミックスベジタブル
  - ・ほうれん草 ・ブロッコリー
  - ・いんげん ・里いも

- ・きのこ2種を冷凍する
  - ・えのき ・しめじ
  - ・しいたけ・エリンギ

これらを **適当に** 組み合わせて 乗りきっています

☆ 加工品・缶詰・大豆食品・卵・お麩

- ・ツナ缶 ・サバ缶
- ・お麩  すりおろして ハンバーグ、お好み焼きに入れたり、お肉がわりにシチューに入れたりかさ増しもできるし栄養もあって大好き

土曜日は 外食・デリバリーもしくは3人で1,000円ごはん企画

素材の味を
じっくりたのしむ

野菜のおかず

シャキシャキ、ほくほく、じゅわっと。
野菜の味を生かしつつ、いろんな食感がたのしめるレシピを
集めました。野菜の力をしっかりいただいて、
明日も1日がんばれそうです。

もやし1袋で
もやしバーグ

● 材料（2人分）

鶏ひき肉…200g
もやし…1袋
しょうが（チューブ）…3〜4㎝
鶏ガラスープの素…小さじ1
酒…大さじ1
サラダ油…適量

★
- 砂糖…大さじ1
- みりん…大さじ2
- しょうゆ…大さじ1.5
- はちみつ…小さじ1

● 作り方

1　ボウルに鶏肉、しょうが、鶏ガラスープの素、酒を入れる。もやしを細かく折りながら加え、よく混ぜる。

2　食べやすい大きさに成形し、サラダ油をひいたフライパンに並べ、3分ほど中火で焼く。裏返してからふたをして、弱火で4〜5分蒸し焼きにする。

3　★の調味料を回しかけ、とろみがつくまで煮詰めて完成。お好みできゅうり、キャベツを添える。

シャキシャキ食感が
たのしい

田楽の斬新アレンジ

豚肉巻きなす田楽

● 材料（2人分）

豚薄切り肉… 180g
なす… 2本
いりごま…適量
サラダ油…適量
★ 砂糖、みそ、みりん…各大さじ1

● 作り方

1 豚肉は縦に2cm幅くらい、横に2等分にして、なすは1cm幅の輪切りにする。

2 なすに細く切った肉をひと巻きする。

3 フライパンにサラダ油を、中火で熱して2を並べ入れ、ふたをして2分加熱する。ひっくり返し、再びふたをして2分加熱する。

4 いったん火を止めて★を混ぜ、中火で全体にからめ、ごまをかける。

● 材料（2人分）

豚ひき肉… 200g
キャベツ… 4〜5枚
塩こしょう…少々
サラダ油…適量
小ねぎ…適量
マヨネーズ…適量
★ 砂糖…大さじ1
酒…大さじ1
みりん…大さじ1
みそ…大さじ1

● 作り方

1 キャベツは粗みじん切りにする。

2 ボウルに豚肉とキャベツ、塩こしょうを入れ、肉が白っぽくなるまでよく混ぜる。

3 2を8等分くらいに分け、小判形に成形する。

4 フライパンにサラダ油を熱し、3を並べ入れ、中火で焼き、焼き目がついたらひっくり返してふたをする。そのまま弱火で4〜5分蒸し焼きにする。

5 ★の調味料を加え、全体にからめたら少し煮詰める。

6 器に盛って、マヨネーズと小ねぎをかける。

キャベツで食べごたえUP

みそだれ キャベツバーグ

> ボリュームたっぷりで大満足

厚揚げときゅうりの豚肉炒め

● 材料（2〜3人分）

豚薄切り肉… 150g
厚揚げ… 2枚（計300g）
きゅうり… 1本
長ねぎ… ½本
にんにく（チューブ）… 2cm
ごま油…適量
★
　鶏ガラスープの素…小さじ½
　しょうゆ…大さじ1
　酒…大さじ1
　中濃ソース…大さじ1

● 作り方

1 豚肉をひと口大、厚揚げを食べやすい大きさに切る。きゅうりは縦半分に切ってから斜め薄切りにする。長ねぎも斜め薄切りにする。

2 フライパンにごま油を熱し、にんにくと長ねぎを炒め、香りが出たら豚肉を強火で炒める。

3 肉の色が変わったら、きゅうり、厚揚げを加えて炒め、★の調味料を加えて強火で混ぜ合わせる。

ホイコーロー風

● 材料（2〜3人分）

鶏むね肉… 1枚
ざく切りキャベツ… 200g
薄力粉…大さじ2
サラダ油…大さじ1
★
　砂糖…大さじ1
　しょうゆ、みりん…各小さじ2
　みそ…大さじ1強
　お好みで豆板醤

● 作り方

1 鶏肉はそぎ切りにして、ポリ袋に入れ薄力粉をまぶす。

2 フライパンにサラダ油を中火で熱し、1を両面焼き、火が通ったらキャベツを加えてさらに炒める。

3 ★の調味料を加えて、水分が飛ぶまで炒めて完成。

> 冷凍ストック鶏肉なら時短もかなう

— memo —

P.21の鶏むね肉冷凍テクが、このレシピでも大活躍。

いつものきんぴらが
鶏肉とちくわで大変身

鶏むね肉のきんぴら炒め

● 材料（2〜3人分）

鶏むね肉… 1枚
ちくわ（細切り）… 2本分
にんじん（細切り）… 小さめ1本分
ごま油… 適量

A
マヨネーズ… 大さじ1
しょうが（チューブ）… 2〜3cm

B
砂糖… 小さじ1
めんつゆ… 大さじ1.5
酒… 大さじ2
みりん… 大さじ2

● 作り方

1 鶏肉を細切りにしてポリ袋に入れ、Aを加えてもみ込む。

2 フライパンにごま油を入れて熱し、1の鶏肉を火が通るまで炒める。

3 2ににんじん、ちくわを加えて炒め、Bを加えて汁けがなくなるまで炒め合わせる。

おはしが進む
甘辛味

豚肉とまいたけのきんぴら風

● 材料（2人分）

豚こま切れ肉… 150g
まいたけ… 1パック
サラダ油… 適量

★
しょうゆ… 大さじ1
砂糖… 大さじ½
酒… 大さじ½
みりん… 大さじ½

● 作り方

1 まいたけは食べやすくほぐす。

2 フライパンにサラダ油を熱し、豚肉を炒める。肉の色が変わったらまいたけを加える。

3 ★の調味料を加え、汁けがなくなるまで炒める。

じゃがいも入りの
満腹アレンジ

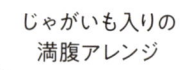

じゃがいもたっぷり
きんぴらごぼう

● 材料（2〜3人分）

豚ロース薄切り肉… 150g
にんじん… ½本
じゃがいも… 小2個
ごぼう… ½本
ごま油… 適量

★
砂糖… 大さじ1
ポン酢… 大さじ2
しょうゆ… 小さじ1
酒… 大さじ1

● 作り方

1 にんじん、じゃがいもは細切り、ごぼうはささがきにする。じゃがいもとごぼうは水にさらし、水けを切る。豚肉は適当な大きさに切る。

2 フライパンにごま油を熱し、豚肉を入れて炒め、肉の色が変わったらじゃがいも、にんじん、ごぼうも入れて炒める。

3 ★を加えてふたをし、3〜4分中火で蒸し煮にする。

おなかいっぱい
豪華おかず

具だくさんカレー風味きんぴら

● **材料（2〜3人分）**

豚こま切れ肉… 100g
ごぼう… 1本（200g）
にんじん… ½本
しらたき… 1パック
ごま油… 適量

★
- 砂糖… 小さじ2
- カレー粉… 小さじ2
- めんつゆ… 大さじ2
- みりん、酒… 各大さじ1

● **作り方**

1 こぼうはささがきまたは細切り、にんじんは細切りにする。

2 しらたきは食べやすい大きさに切り、下ゆでする。

3 フライパンにごま油を熱して豚肉を炒め、1、2を加えて炒める。

4 火が通ったら★を加え、汁けが少なくなるまで炒め煮にする。

しらたきとにんじんの そぼろきんぴら

そぼろ入りで
やさしい味わい

● **材料（2〜3人分）**

鶏ひき肉… 150g
にんじん（千切り）… 1本分
しらたき… 1パック（200g）
しょうが（チューブ）… 4〜5cm
ごま油… 適量

★
- 和風だしの素… 小さじ1
- 砂糖… 小さじ2
- 酒… 大さじ2
- みりん… 大さじ2
- しょうゆ… 大さじ1.5

● **作り方**

1 フライパンにごま油を熱して、鶏肉としょうがを入れて炒める。

2 しらたきは食べやすい大きさに切り、下ゆでする。

3 肉がパラパラになったら、しらたき、にんじんを加えて★で味を付け、汁けがなくなるまで炒める。

ゆかりのさわやかな
香りがクセになる

ゆかり入りちくわと れんこんのきんぴら

● **材料（2人分）**

れんこん… 200g
ちくわ… 2本
白だし… 小さじ½
ゆかり… 小さじ1弱
ごま油… 適量

● **作り方**

1 れんこんは皮をむいて薄切りにし、大きければ半分にする。酢水（分量外）にさらし、水けを切る。ちくわは斜め薄切りにする。

2 フライパンにごま油を熱し、れんこんとちくわを炒め、れんこんが透き通ってきたら白だし、ゆかりを加えて炒める。

あっさりだけど
味わい深い洋風味

エリンギとハムの卵炒め

● 材料（2人分）

エリンギ… 1パック
ハム… 2枚
卵… 2個
塩こしょう… 少々
バター… 小さじ2

● 作り方

1 エリンギは食べやすい大きさ
に切る。ハムは半分に切って
細切りにする。

2 卵は溶いて塩こしょうを混ぜ
る。

3 フライパンにバターを溶かし、
強火でエリンギをしんなりす
るまで炒める。塩こしょうで
調味しハムを加え、軽く炒め
る。

4 弱火にして溶き卵を回し入れ、
炒め合わせる。

● 材料（2人分）

ピーマン（細切り）… 3個分
ちくわ（輪切り）… 2本分
水… 大さじ4
サラダ油… 大さじ2
★ ┌ 薄力粉… 大さじ4
　 │ 片栗粉… 小さじ2
　 └ 塩… 少々

● 作り方

1 ボウルにピーマン、ちくわ、★を入れてよく混
ぜ合わせ、水を加えてざっくり混ぜる。

2 フライパンにサラダ油を熱し、1を平らに広げ
てふたをして、中弱火で3分蒸し焼きにする。

3 裏返してふたを取って3分焼く。

4 包丁で切り分けて完成。

油少量で
簡単にできる

揚げずに
ピーマンちくわ天

ピーマンの焼き漬け砂糖しょうゆ

● 材料（2人分）

ピーマン…3〜4個
★ しょうゆ…大さじ1
砂糖…小さじ1

● 作り方

1 ピーマンを半分に切り、種を取り除いておく。★を合わせておく。

2 1000Wのトースターでピーマンを少しこげ目がつくまで焼く。

3 ★にピーマンをまぶして、冷蔵庫で冷やす。

くったりピーマンが
しみじみおいしい

ほのぼのおいしい
ほっこり
煮物

ピーマン嫌いさん
でも大丈夫

豚肉とピーマンのしぐれ煮

● **材料**（2人分）

豚こま切れ肉… 150g
ピーマン… 3個

★
- 水…大さじ2
- しょうが（チューブ）… 4〜5cm
- めんつゆ…大さじ1.5
- みりん…大さじ1

● **作り方**

1 鍋に★の調味料を煮立たせる。

2 豚肉と食べやすい大きさに切ったピーマンを加え、煮立ったら弱火にしてアクを取り、アルミホイルなどで落としぶたをして汁けがなくなるまで煮る。

なすと薄切り豚肉のめんつゆ煮

● 材料 (2人分)

豚ロース薄切り肉…100g
なす…2本
★［ めんつゆ…大さじ2
　　水…200㎖

● 作り方

1 なすはヘタを切り落として縦半分に切り、皮目に包丁で斜めに切れ目を入れ、長さを4等分に切る。

2 鍋に★の調味料を煮立て、豚肉となすを加え、なすがやわらかくなるまで煮る。

キャベツと ツナの煮物

● 材料（2人分）

キャベツ…½個
ツナ缶…1缶
★ こしょう…少々
　 しょうゆ…大さじ1.5

● 作り方

1 キャベツは大きめのざく切りにし、なべにきっちりと詰める。ツナをキャベツの上にのせ、缶汁も加える。

2 ふたをして中火にかけ、約10分煮る。★を入れ、再度ふたをして弱火で約10分煮る。途中こげそうなら水少々を加える。

味しみしみの
ツナキャベツが
おいしい

● 材料（2人分）

おつゆ麩…10g
たまねぎ…1個
ごま油…適量
★ 和風だしの素…小さじ1
　 砂糖…小さじ2
　 水…200㎖
　 しょうゆ…大さじ1
　 みりん…大さじ1

● 作り方

1 お麩は水で戻し、水けをしぼる。たまねぎは薄切りにする。

2 なべにごま油を熱し、お麩をさっと炒めたらたまねぎ、★を加え煮立てる。沸騰したら火を弱め、約10分煮込む。

くたくたのお麩と
たまねぎがしみる

お麩と
たまねぎの煮物

ほっこり、
じゅんわり

豚肉と大根のしみしみ煮物

● **材料**（2人分）

豚こま切れ肉…200g
大根…400g
ごま油…大さじ1

★
- 砂糖…小さじ2
- 和風だしの素…小さじ1
- しょうが（チューブ）…4〜5㎝
- 水…400㎖
- めんつゆ…大さじ1

● **作り方**

1 豚肉は食べやすい大きさに切る。

2 大根は皮をむき、約1.5㎝厚さのいちょう切り
にし、600Wのレンジで4分加熱する。

3 フライパンにごま油を熱し、豚肉を入れて炒め、
肉の色が変わったら大根を入れて炒める。

4 ★の材料を入れ、ふたをして10分ほど煮込む。
その後、ふたを開けて煮汁を煮詰めたら完成。

memo

大根の冷凍方法
いちょう切りにした大根をフリーザーバッグ
に入れ、冷凍したものを凍ったまま使っても
OK。味のしみ込みが早くて便利です。

厚揚げと
じゃがいもの煮物

野菜たっぷり、
ほっとする味

● 材料（2〜3人分）

厚揚げ…1枚（160g）
じゃがいも…小2個
にんじん…½本
しいたけ…4〜5枚

★
和風だしの素…小さじ1
水…150㎖
しょうゆ、みりん、砂糖…各大さじ1

● 作り方

1 じゃがいもと厚揚げはひと口大、にんじんは乱切り、しいたけは軸を切り取り、半分に切る。

2 具材と★の調味料をすべてなべに入れて、中弱火で15〜20分ほど煮る。

野菜たっぷりの
和風おかず

長ねぎとじゃがいもの炒め煮

● 材料（2人分）

じゃがいも…小2個
にんじん…½本
長ねぎ…½本
サラダ油…適量

★
- 砂糖…大さじ1
- 和風だしの素…小さじ1
- 水… 100㎖
- しょうゆ…大さじ1.5
- みりん…大さじ1

● 作り方

1　じゃがいもは1㎝幅くらいの輪切りにし、さらに縦に1㎝幅くらいに切る。にんじんは細切り、長ねぎは斜め薄切りにする。

2　フライパンにサラダ油をひき、1を入れ全体に油が回るまで炒める。

3　★を加えて混ぜ合わせたら、落としぶたをして汁けがなくなるまで中弱火で煮詰めて完成。

大根と油揚げの炒め煮

おはしが止まらない
絶品煮物

● 材料（2人分）

油揚げ… 1枚
大根…¼本
ごま油…適量

★
- 和風だしの素…小さじ1
- 砂糖…小さじ1
- めんつゆ…大さじ2
- みりん…大さじ1

● 作り方

1　大根は細切り、油揚げは熱湯（分量外）をかけて油抜きをし、縦半分に切ってから5㎜幅に切る。

2　なべにごま油を熱し、大根を入れ、しんなりするまで炒める。

3　油揚げと★を加え、ふたをして弱火で5分煮る。

チーズお焼き ミックスベジタブル

お弁当のおかずにもぴったり

● 材料（2人分）
ミックスベジタブル…40gくらい
ピザ用チーズ…30g
薄力粉…½カップ
鶏ガラスープの素…小さじ1
水…100㎖
サラダ油…適量

● 作り方
1 ミックスベジタブルは600Wのレンジで1分ほど加熱しておく。

2 ボウルにサラダ油以外の材料をすべて入れ、よく混ぜる。

3 フライパンにサラダ油を熱し、2をスプーンで落として平らにし、両面こんがり焼く。

たまねぎ嫌いさんでもぱくぱく食べられる

たまねぎシャキシャキカリもち焼き

● 材料（2人分）
たまねぎ…1個
ピザ用チーズ…50g
片栗粉…大さじ3
サラダ油…適量

● 作り方
1 みじん切りにしたたまねぎを耐熱ボウルに入れ、600Wのレンジで2分加熱する。

2 1にチーズ、片栗粉を入れてよく混ぜる。

3 フライパンにサラダ油を熱し、2をスプーンで落として両面を押し付けながら、焼き色がつくまで焼いて完成。

じゃがいも もっちもちおやき

● 材料（2人分）
ごはん…茶碗1杯
じゃがいも…中1個
ピザ用チーズ…20g
サラダ油…適量
コンソメ…小さじ½

● 作り方
1 じゃがいもをすりおろし、ボウルに入れ、サラダ油以外の材料をすべて混ぜ合わせる。

2 フライパンにサラダ油を熱し、1を5〜6等分にして弱火から中火で両面焼く。

チーズとじゃがいもは最高の相性

● 材料（2人分）
カニカマ…5本
キャベツ…⅙個（160gくらい）
サラダ油…適量
★ ┌ 片栗粉…大さじ3
　└ 鶏ガラスープの素…小さじ1

● 作り方
1 耐熱ボウルに千切りにしたキャベツを入れ、600Wのレンジで1分30秒加熱する。

2 1のボウルに、割いたカニカマ、★を入れ、よく混ぜる。

3 フライパンにサラダ油を熱し、2をスプーンで落として両面を押し付けながら、焼き色がつくまで焼いて完成。

いろどりもきれいな美味おかず

カニカマキャベツのもっちり焼き

ほんのり香る
梅風味で食が進む

梅キャベツ

● 材料（2人分）

キャベツ… 200g
梅干し… 2個（チューブでもよい）
かつおぶし… 2パック（5g）

● 作り方

1 キャベツは千切りにし、600Wのレンジ
  で2分加熱し、水けをしぼる。

2 刻んだ梅干し、かつおぶしとあえる。

レタスとカリカリ
ちくわのサラダ

● 材料（2～3人分）

シンプルなサラダが
満腹おかずに

ちくわ… 4本
レタス… ½個
にんじん… ½本
サラダ油… 大さじ2
ドレッシング（お好み）… 適量
★ ┌ 薄力粉… 大さじ2
  │ 水… 大さじ1
  └ 酒… 大さじ1

● 作り方

1 にんじんは細切りにし、レタスはちぎってボウ
  ルに入れる。ちくわは斜め薄切りにする。

2 別のボウルに★を入れて混ぜ合わせ、ちくわを
  くぐらせる。

3 フライパンにサラダ油を熱し、2を入れ、衣が
  カリッとするまで両面焼く。

4 3のちくわをレタスとにんじんが入ったボウル
  に入れ、お好きなドレッシングを回しかける。

しらたきときゅうりの柚子こしょうマヨサラダ

サラスパ風でこっくりおいしい

● 材料（2人分）
しらたき…小1袋（100g）
きゅうり…½本
にんじん…4cm
★ しょうゆ…小さじ1
柚子こしょう（チューブ）…2〜3cm
マヨネーズ…大さじ2

● 作り方

1 しらたきは食べやすい長さに切り、熱湯でゆでて水けを切る。きゅうりとにんじんは千切りにし、塩ひとつまみ（分量外）を入れ、5分置く。

2 ボウルにしらたき、水けをしぼったきゅうりとにんじん、★を入れてあえる。

もやしとミニトマトのそぼろサラダ

安いもやしが豪華おかずに早変わり

● 材料（2〜3人分）
豚ひき肉…200g
もやし…1袋（200g）
ミニトマト…7〜8個
にんにく（チューブ）…2〜3cm
サラダ油…適量
★ 砂糖…大さじ½
鶏ガラスープの素…小さじ½
しょうゆ…大さじ1
レモン汁…大さじ½

● 作り方

1 もやしは熱湯でさっとゆで、水けを切る。ミニトマトは半分に切る。

2 フライパンにサラダ油を熱し、にんにくを入れて豚肉を炒める。豚肉がパラパラになったら、ミニトマトを加えて炒め合わせ、★で味付けする。

3 器に1のもやしを盛り、2をのせる。

やさしい味で
ほっとする、
わたしの自信作

キャベツと鶏そぼろのおみそ汁

● **材料**（2人分）

鶏ひき肉… 100g
キャベツの葉… 2〜3枚
ごま油…適量
和風だしの素…小さじ2
砂糖…小さじ1
水… 400㎖くらい
酒…大さじ1
みそ…大さじ1〜2

● **作り方**

1 キャベツはひと口大に切る。

2 なべにごま油を入れてキャベツを炒めたら、
  鶏肉、酒を加え、さらに炒める。

3 2に水とだしの素を加え煮立たせたら、火を
  止めてみそを溶かし、砂糖を加えて完成。

しっかり味の
おかずスープ

もやしスープ

● **材料（2人分）**

卵… 1個
もやし… ½袋
ごま油… 少量
いりごま… 適量
★　鶏ガラスープの素… 小さじ1
★　水… 400㎖
★　白だし… 大さじ1

● **作り方**

1　なべに★の材料を沸騰させ、もやしを加えて煮る。

2　溶いた卵を回し入れ、ごま油、いりごまをかけて完成。

── *memo* ──

もやしの冷凍方法

もやしをさっとゆで、水けを切り、塩とごま油で下味を付けて冷凍しておくと、凍ったままスープやあんかけの具に使えます。

冷凍オクラを
使って時短

豆腐とオクラの
白だしスープ

● **材料（2人分）**

絹ごし豆腐… 1パック（150g）
オクラ（冷凍）… 50〜70g
★　コンソメ… 小さじ1
★　水… 400㎖
★　白だし… 大さじ1

● **作り方**

1　なべに★を入れて沸かし、オクラ、豆腐をスプーンですくいながら加える。

2　ひと煮立ちさせて完成。

ころころ大根スープ

● **材料**（2人分）

ベーコン、ハム、ウインナー
　…各適量
大根…50g
じゃがいも…小1個
にんじん…1/3本
たまねぎ…1/4個
塩…適量
★ ┌ コンソメ…小さじ2
　 └ 水…400mℓ

● **作り方**

1　大根、にんじん、じゃがいも、たまねぎをさいの目切りにする。ベーコンなどは食べやすい大きさに切る。

2　なべに★と1を入れ、火にかける。煮立ったらアクを取り、ふたをして弱火で10分ほど煮る。野菜がやわらかくなったら、塩で味をととのえる。

洋風と和風の
絶妙フュージョン

---

memo

大根はさいの目切りにして
冷凍しても OK
さいの目切りにして冷凍した大根をスープ
に入れると、味のしみ込みが早くなります。

語り継ぎたい　母の味

直接引き継いだレシピから、味付けや献立に受けた影響まで。
わたしのお料理の土台を作ってくれた母との、大切な思い出話。

母は、家族の食の好みに合わせて色々なメニューを
作ってくれました。(とにかく食卓に上がる小鉢の数が多い!)
朝ごはんは パンか ご飯が メインの献立を選ぶ事ができて
目玉焼きひとつとっても家族の好みに合わせて
作ってくれました。
実家を出てから、母のように家族に合わせて
料理を作るのは とても難しいんだなと
初めて気づかされました。どんなに手間が
かかって大変でも、家族のために
作ってくれた母に感謝です。

> おはよう

POinT!

母は生姜を 揚げ物の下味や
お味そ汁、チャーハンなどに
使っていて、とても美味しかったです。
あとは、麺つゆを使いこなしていて
和食だけでなく パスタやサラダなどの
洋風な メニューにも 加えていました。

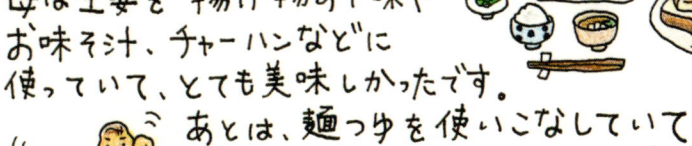

> 娘が選ぶ、おすすめの "母レシピ" 3選

p.67　鶏ひき肉の はさみ揚げ風	p.97　しらたきたっぷり ひじきの煮物	p.105　じゃがいもフライ

キャベツを 塩もみして
たっぷり入れるのがポイント

酢飯と混ぜて
おにぎりにしても最高です

お弁当にもおやつにも
おすすめ

炊飯器でラクラク！
同時調理レシピ

炊飯器とクッキングシートを活用すれば、ひと手間で複数品が同時に作れます。
わたしにやさしく、家族もうれしい魔法の調理法をこっそりご共有。

同時に **4品** 完成

きのこの炊き込みごはん

● 材料（2人分）

米…1.5合
しめじ、えのき、しいたけなど
お好きなきのこ…約100g

A
- 和風だしの素…小さじ2
- 塩…小さじ½
- しょうゆ…大さじ½
- 酒…小さじ2
- みりん…大さじ½

蒸し鶏

● 材料（2人分）

鶏もも肉…1枚
酒…大さじ1
しょうゆ…大さじ1
しょうが（チューブ）…5㎝

ひらひらにんじん蒸し

● 材料（2人分）

にんじん（ピーラーでスライス）
…1本分

B
- 塩こしょう…少々
- レモン汁…小さじ1
- はちみつ…小さじ½

かぼちゃのバター蒸し

● 材料（2人分）

ひと口大に切ったかぼちゃ、
もしくは冷凍かぼちゃ…5〜6個

C
- めんつゆ…大さじ1
- みりん…大さじ1
- バター…小さじ1

きのこの炊き込みごはん

ひらひらにんじん蒸し

かぼちゃの
バター蒸し

蒸し鶏

● 作り方

1 炊飯器に米とAの調味料を入れて
から1.5合の目盛りまで水（分量
外）を入れ軽く混ぜ、きのこ類を
のせる。

2 酒、しょうゆ、しょうがで下味を
付けた鶏肉を1の上にのせる（皮
が上）。

3 クッキングシートの上ににんじん
を広げ、Bの調味料を加えて包む。

4 クッキングシート1の上にかぼちゃ
を並べ、Cの調味料を加えて包み、
3と一緒に包みごと鶏肉の上にの
せる。

5 炊き込みモードで炊飯し、炊き上
がったら10分蒸らして完成。蒸
し鶏に、お好みでねぎだれや柚子
こしょうポン酢をかける。

同時に**3**品完成

蒸し鶏

なすとピーマンの焼き肉みそだれ

ねぎごはん

蒸し鶏	なすとピーマンの焼き肉みそだれ	ねぎごはん

● **材料（2人分）**

米…1.5合

鶏むね肉…1枚

なす…1本

ピーマン…1個

長ねぎ…1本

砂糖…小さじ1

酒…大さじ1

A
和風だしの素…小さじ1
しょうゆ…大さじ1
酒…大さじ1
みりん…小さじ2

B
焼き肉のタレ…大さじ1
みそ…大さじ1

● **作り方**

1 鶏肉にフォークで全面に穴をあけ、酒、砂糖をもみ込む。

2 なすとピーマンは食べやすい大きさに切り、ねぎは斜め薄切りにする。

3 炊飯器に米とAを入れ、水（分量外）を1.5合の目盛りまで入れて軽く混ぜる。ねぎを入れて、1をのせる。

4 二重にしたクッキングシートの上にピーマンとなすを広げ入れ、Bの調味料を上からかける。

5 3の鶏肉の上に4をクッキングシートごとのせ、炊き込みモードで炊飯する。炊き上がったら10分蒸らす

さといものポテトサラダ

なすときのこの
炊き込みごはん

豚肉とれんこんの
梅蒸し

同時に
3品
完成

なすときのこの 炊き込みごはん

● **材料**（2〜3人分）

米…2合
なす…2本
しめじ…1パック
油揚げ…1枚

A
- 和風だしの素…小さじ1と1/2
- しょうゆ…大さじ1
- 酒…大さじ1
- みりん…小さじ2

豚肉とれんこんの梅蒸し

● **材料**（2〜3人分）

豚ロース薄切り肉…200g
れんこん…150g

B
- 梅干し…小2個
- 長ねぎ…1/2本
- 片栗粉…小さじ2
- しょうゆ、酒…各大さじ1
- 砂糖、ごま油…各小さじ1

さといものポテトサラダ

● **材料**（2〜3人分）

ツナ缶…1缶
さといも（冷凍でも可）…3〜4個
きゅうり…1/2本

C
- 塩こしょう…少々
- レモン汁…小さじ1
- マヨネーズ…大さじ2

● **作り方**

1 炊き込みごはんの準備をする。なすは半月切り、油揚げは細切りにする。しめじは石づきを取り、ほぐしておく。

2 米とAを炊飯器に入れ、2合の目盛りまで水（分量外）を入れて軽く混ぜる。1をのせる。

3 豚肉とれんこんの梅蒸しの準備をする。豚肉は食べやすく切り、梅干しは種を除いてたたく。れんこんは5mm幅のいちょう切り、長ねぎはみじん切りにする。

4 豚肉にBの調味料をもみ込む。

5 二重にしたクッキングシートの上にれんこんを広げ入れ、4の豚肉をのせてキャンディ包みにし、米の上にのせる。

6 さといものポテトサラダの準備をする。さといもは皮をむき、ひと口サイズにカットしてクッキングシートで包む。米の上にのせて炊き込みモードで炊飯する。

7 きゅうりは塩もみをし、水けを切る。ツナ缶は軽く油を切る。

8 炊飯終了後、熱いうちにさといもをつぶし、7、Cを加え、混ぜ合わせる。

同時に**3品**完成

じゃがレモン

コンソメライス

ポークチャップ

コンソメライス

● **材料**（2人分）

米…1合

A
- コンソメ…小さじ1
- 塩…小さじ½
- 酒…小さじ2

ポークチャップ

● **材料**（2人分）

豚こま切れ肉…150g
たまねぎ（薄切り）…½個分
塩こしょう…少々
薄力粉…適量

B
- 焼き肉のタレ…大さじ2
- ケチャップ…大さじ3

じゃがレモン

● **材料**（2人分）

じゃがいも…2個

C
- 塩こしょう…少々
- レモン汁…小さじ½
- しょうゆ…小さじ½

● **作り方**

1　コンソメライスを作る。炊飯器に米と**A**を入れ、水（分量外）を1合の目盛りまで注ぐ。

2　ポークチャップを作る。豚肉に塩こしょうをもみ込んで薄力粉をまぶす。

3　**2**とたまねぎを二重にしたクッキングシートの上に広げ入れる。

4　じゃがレモンを作る。じゃがいもは皮をむいてひと口大に切り、クッキングシートで包む。

5　**1**の上に**3**と**4**の包みをのせ、炊き込みモードで炊飯する。炊き上がったら10分蒸らす。

6　**3**をクッキングシートごと取り出す。豚肉とたまねぎの汁けを切って、**B**と混ぜ合わせる。

7　**4**をクッキングシートごと取り出す。じゃがいもをつぶして、**C**を加えて混ぜる。

鮭の
ちゃんちゃん焼き風

ひじきとかまぼこの
炊き込みごはん

ひじきとかまぼこの 炊き込みごはん

● 材料（2人分）

米…2合
にんじん…½本
ひじき（乾燥）…5g
油揚げ…1枚
かまぼこ…50gほど

A
和風だしの素…小さじ2
しょうゆ…大さじ1.5
酒…大さじ1
みりん…小さじ2

鮭の ちゃんちゃん焼き風

● 材料（2人分）

鮭…2切れ
キャベツ…2～3枚
もやし…½袋（約100g）
しめじ…½株

B
砂糖…小さじ2
酒…大さじ1
しょうゆ…小さじ½
みりん…大さじ1
みそ…大さじ2

● 作り方

1 ひじきとかまぼこの炊き込みごはんを作る。ひじきを水で戻し、にんじんは千切り、油揚げは細切り、かまぼこは細かく切る。

2 炊飯器に米とAの調味料を入れ、2合の目盛りまで水（分量外）を入れて軽く混ぜる。1をのせる。

3 鮭のちゃんちゃん焼き風を作る。クッキングシートの上に野菜と鮭をのせ、混ぜ合わせたBのみそだれをのせ、包む。

4 2の上に3の包みをのせ、炊き込みモードで炊飯し、炊き上がったら10分蒸らす。

同時に
2品
完成

カニカマ大根と
ねぎの炊き込みごはん

和風ミートローフ

カニカマ大根とねぎの炊き込みごはん

● 材料（2人分）

米… 1.5合
カニカマ… 5〜6本
大根… 5cm
長ねぎ… 1本
★［塩…ひとつまみ
和風だしの素…小さじ1
白だし…大さじ1.5
酒…大さじ1
みりん…大さじ½］

● 作り方

1 カニカマ大根とねぎの炊き込みごはんを作る。ねぎは3cmの長さに切る。青い部分は斜め薄切りにする。大根は1.5cm角に切る。カニカマは割く。

2 米と★の調味料、水（分量外）を1.5合の目盛りまで入れて、軽く混ぜる。カニカマ、ねぎ、大根をのせる。

3 和風ミートローフを作る。材料をすべてポリ袋に入れ、こねて混ぜる。クッキングシートを二重にして広げ、肉だねをのせて形を整え、全体を包む。

4 2の上に3をのせ、炊き込みモードで炊飯し、炊き上がったら10分蒸らす。

和風ミートローフ

● 材料（2人分）

鶏ひき肉… 150〜200g
ミックスベジタブル… 60g
木綿豆腐… 1パック（150g）
※水切不要
パン粉… 20g
片栗粉…大さじ1
砂糖…大さじ½
しょうが（チューブ）… 3〜4cm
みそ…大さじ1

給食のワカメごはん

● 材料（2人分）

米… 1.5合
乾燥ワカメ…大さじ2くらい
A［和風だしの素…小さじ1
塩…小さじ½
酒…大さじ1
しょうゆ…小さじ½
みりん…小さじ2］

鶏ひき肉のはさみ揚げ風

● 材料（2人分）

鶏ひき肉… 150g
キャベツ（粗みじん切り）… 50g
油揚げ… 2枚
B［砂糖…小さじ2
しょうゆ…大さじ1
酒…小さじ2
しょうが（チューブ）… 2〜3cm］

蒸しコールスローサラダ

● 材料（2人分）

にんじん… 4cm
キャベツの葉… 3〜4枚
C［塩こしょう…少々
レモン汁…小さじ½］

● 作り方

1 給食のワカメごはんを作る。炊飯器に米とAを入れ、水（分量外）を1.5合の目盛りまで注ぎ、乾燥ワカメを入れて軽く混ぜる。

2 鶏ひき肉のはさみ揚げを作る。キャベツを塩（分量外）もみする。ボウルに鶏肉とキャベツ、Bの調味料を入れよく混ぜる。半分に切った油揚げにタネを詰め、爪楊枝で留める。

3 蒸しコールスローサラダを作る。にんじんとキャベツは千切りにし、クッキングシートでキャンディ包みにする。

4 1の上に2と3をのせて炊き込みモードで炊飯する。

5 炊き上がり後、10分蒸らす。

6 3の包みを取り出し、Cで味付けをする。

蒸しコールスローサラダ

給食のワカメごはん

鶏ひき肉のはさみ揚げ風

同時に
3品
完成

同時に2品完成

皮なし
コーンシュウマイ

白いごはん ‥‥‥

皮なしコーンシュウマイ　　白いごはん

● 材料（2人分）

豚ひき肉… 200g
米… 2合
キャベツ… 1/4個
たまねぎ… 1/4個
コーン缶… 100g
水… 大さじ2

★
- 片栗粉… 大さじ2
- 鶏ガラスープの素… 大さじ1/2
- 砂糖… 大さじ1/2
- 酒… 大さじ1/2
- ごま油… 小さじ1
- しょうが（チューブ）… 2cm

● 作り方

1 炊飯器に米を入れ、水（分量外）を2合の目盛りまで注ぎ、さらに水大さじ2を加える。その上にクッキングシートを二重にしてセットする。

2 キャベツは千切り、たまねぎはみじん切りにする。ボウルに豚肉とみじん切りにしたたまねぎ、汁けを切ったコーン、★の調味料を入れ、よく混ぜ合わせる。

3 クッキングシートの上にキャベツを敷き、その上に2の肉だねを置く。

4 普通モードで炊飯する。

きのこの炊き込みごはん　　なすと豚しゃぶのさっぱり蒸し

● 材料（2人分）

米… 1.5合
油揚げ… 1枚
しめじ… 1パック
にんじん… 50g

A
- 和風だしの素… 小さじ1
- 酒… 大さじ1
- しょうゆ… 大さじ1
- みりん… 小さじ2

● 材料（2人分）

豚ロースしゃぶしゃぶ用… 150g
なす… 3本

B
- 鶏ガラスープの素… 小さじ1/2
- 酒… 大さじ1/2
- ポン酢… 大さじ2

● 作り方

1 きのこの炊き込みごはんを作る。油揚げは半分にカットして細切りに、にんじんは千切り、しめじは石づきを取り、ほぐす。

2 炊飯器に米とAの調味料を入れ、1.5合の目盛りまで水（分量外）を入れる。

3 2ににんじん、しめじ、油揚げをのせる。

4 なすと豚しゃぶのさっぱり蒸しを作る。なすは縦5mm幅に切る。

5 クッキングシートの上に豚肉を平らに広げて4を重ね、混ぜたBを回しかけてキャンディ包みにする。

6 3の上にのせ、炊き込みモードで炊飯する。炊き上がったら、お好みで小ねぎを散らす。

同時に2品完成

きのこの
炊込みごはん

なすと豚しゃぶの
さっぱり蒸し

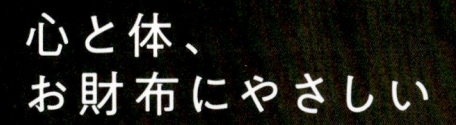

心と体、
お財布にやさしい

一品ごはん

疲れ切った日の夜や、休日のお昼には、体にやさしいものが食べたい。
そんなときにぜひ作っていただきたいレシピたち。

Part
3

子どもも喜ぶ
やさしい味

食べごたえ満点の
丼ごはん

小松菜とコーンの
豆腐鶏そぼろ丼

● **材料**（2人分）

鶏ひき肉…80g

木綿豆腐…1パック（150g）

ごはん…茶碗2杯分

小松菜（2cm幅に切る）…2株分

コーン…大さじ3

★
- 砂糖…小さじ2
- 酒…大さじ1
- しょうゆ…小さじ2
- みりん…大さじ1
- しょうが（チューブ）…3cm

● **作り方**

1　フライパンに鶏肉を入れ、炒める（油不要）。

2　豆腐を加え、ほぐしながら炒める。

3　小松菜、コーンも入れて炒め、★の調味料を入れ、水分がなくなるまで煮込む。

4　3をごはんにのせて完成。

ちょっぴり
中華風味で
ぜいたく

鶏むね肉と野菜の甘酢あん丼

● 材料（2人分）

鶏むね肉… 1枚
ごはん…茶碗2杯分
もやし…½袋
にんじん（千切り）… 30〜40g
ピーマン（細切り）… 2個分
塩こしょう…少々
片栗粉…小さじ2
水…大さじ1
ごま油…大さじ1
★
　砂糖…大さじ1
　鶏ガラスープの素…小さじ½
　水…150㎖
　しょうゆ、酢…各小さじ1
　ケチャップ…大さじ1.5

● 作り方

1 鶏肉は細切りにし、塩こしょうをする。

2 フライパンにごま油を中火で熱し、肉を炒める。肉の色が変わったら、もやし、にんじん、ピーマンを入れて炒め合わせる。

3 野菜がしんなりしたら★を加えて混ぜ、煮立ったら片栗粉を水で溶いて加え、とろみをつける。仕上げにごま油（分量外）を回しかける。

4 3をごはんにのせて完成。

千切りキャベツと納豆卵丼

いつもの納豆が
グレードUP

● 材料（2人分）

卵… 2個
納豆… 2パック
ごはん…茶碗2杯分
キャベツ… 120gくらい
ごま油…小さじ2
★
　砂糖…小さじ1
　めんつゆ…大さじ1

● 作り方

1 キャベツを千切りにする。

2 納豆は付属のたれを加え、軽くかき混ぜる。

3 フライパンにごま油を熱してキャベツを炒め、キャベツがしんなりしたら納豆を加え、さっと炒める。

4 溶いた卵を流し入れ、固まってきたら★を加え、かき混ぜる。

5 4をごはんにかけて完成。

万人受けする
あっさり味

豆腐とひき肉のみそあんかけ丼

● 材料（2人分）

鶏ひき肉… 150g
絹ごし豆腐… 1丁（300g）
ごはん…茶碗2杯分
片栗粉…適量
水… 300㎖
★
　砂糖…小さじ2
　しょうゆ…小さじ2
　みそ…小さじ2

● 作り方

1 フライパンに水と★の調味料を煮立たせ、鶏肉と豆腐をほぐしながら加える。

2 鶏肉に火が通ったら片栗粉を適量の水（分量外）で溶いて加え、とろみをつける。

3 2をごはんの上にかける。お好みで小ねぎ（分量外）散らす。

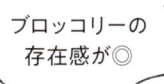
甘じょっぱくて
ほっこりおいしい

蒲焼き風ちくわ丼

● 材料（2人分）

卵…2個
ちくわ…4本
ごはん…茶碗2杯分
片栗粉…適量
マヨネーズ…小さじ2
ごま油…小さじ2
★ [砂糖…小さじ2
酒…大さじ2
しょうゆ…小さじ2
みりん…大さじ2]

● 作り方

1 卵とマヨネーズを混ぜ、ラップをかけて600Wのレンジで1分加熱し、混ぜる。再びラップをかけ600Wで40秒加熱し、よく混ぜる。

2 ちくわを食べやすい大きさに切り、片栗粉をまぶす。フライパンにごま油を熱し、焼き色がつくまで炒める。

3 2に★のたれをからめて、とろみをつける。

4 ごはんに1、3をのせる。

がつんと
食べごたえあり

お麩でかさ増し豚キャベ丼

● 材料（2人分）

豚こま切れ肉…150g
おつゆ麩…12個
ごはん…茶碗2杯分
キャベツ…3枚（150g）
片栗粉…適量
サラダ油…小さじ2
★ [めんつゆ…大さじ2
みりん…大さじ2
にんにく（チューブ）…2㎝]

● 作り方

1 豚肉に片栗粉をまぶす。おつゆ麩を水で戻す。キャベツはざく切りにする。

2 フライパンにサラダ油を熱し、1の豚肉と水けをしぼった麩を炒める。

3 肉の色が変わったらキャベツを加え、★で味をととのえる。

4 3をごはんにのせて完成。

ブロッコリーの
存在感が◎

豆腐とブロッコリーの
卵あんかけ丼

● 材料（2人分）

卵…2個
絹ごし豆腐…1丁（300g）
ごはん…茶碗2杯分
冷凍ブロッコリー…適量
ごま油…少量
片栗粉…適量
水…200㎖
★ [鶏ガラスープの素
　　…小さじ1
白だし…小さじ4]

● 作り方

1 水と★の調味料をなべに入れ、ブロッコリー、手でくずした豆腐を入れて煮立たせる。

2 ブロッコリーがやわらかくなってきたら、片栗粉を適量の水（分量外）で溶いて加え、とろみをつける。

3 卵を流し入れ、ごま油を回しかけてさっと煮る。

4 3をごはんにかけて完成。

れんこんそぼろ寿司丼

● 材料（2人分）

鶏ひき肉…100g
酢飯…茶碗2杯分
れんこん（みじん切り）…100g
枝豆…適量
ごま油…小さじ1
刻みのり…少々

★
和風だしの素…小さじ½
しょうゆ…大さじ1
酒…大さじ1
みりん…大さじ2
しょうが（チューブ）
…2〜3㎝

● 作り方

1 フライパンにごま油をひき、鶏肉を入れて炒める。

2 れんこんを加え、炒め合わせる。

3 ★の調味料を入れ、汁けがなくなるまで煮詰める。

4 3を酢飯の上にかけ、枝豆と刻みのりをのせて完成。

枝豆とれんこんの
食感がたのしい

暖色系で見た目も
かわいい

もやし卵丼

● 材料（2人分）

ハム（細切り）…2枚分
卵…2個
ごはん…茶碗2杯分
もやし…½袋
紅しょうが…大さじ1
塩、こしょう、しょうゆ
…各少々
ごま油…小さじ2

● 作り方

1 フライパンにごま油を強火で熱し、もやし、ハム、紅しょうがを入れて炒め、塩を加える。

2 よく溶いた卵を全体に回しかけ、もやしにまぶすようにして炒め、しょうゆ、こしょうを加えて仕上げる。

3 2をごはんにかけて完成。

ピーマンとちくわが
相性抜群

ピーマンとちくわの
チャンプルー丼

● 材料（2人分）

ピーマン（細切り）…2個
ちくわ（斜め薄切り）…2本分
卵…2個
ごはん…茶碗2杯分
かつおぶし…2パック（5g）
ごま油…小さじ2

★
めんつゆ…小さじ2
砂糖…小さじ1
酒…大さじ2
しょうが（チューブ）…3〜4㎝

● 作り方

1 フライパンにごま油を熱し、ピーマンとちくわを炒める。★を加えて炒め合わせる。

2 溶いた卵を回し入れてかつおぶしを加え、半熟になるまで炒める。

3 2をごはんにのせて完成。

エビチャップ丼

中華風どんぶりの決定版

● 材料（2人分）

冷凍むきエビ…お好きなだけ
ごはん…茶碗2杯分
ピーマン…2個
ミニトマト…6〜8個
にんにく（チューブ）…2〜3cm
サラダ油…小さじ2
★ 焼き肉のたれ…大さじ2
みりん…大さじ2
ケチャップ…大さじ2

● 作り方

1 フライパンにサラダ油とにんにく、解凍したエビを入れて中火で色が変わるまで炒める。

2 食べやすい大きさに切ったピーマンとミニトマトも入れて炒め、★を加えて全体をなじませる。

3 2をごはんにのせて完成。

ひと皿でボリューム満点

豆腐チゲ丼

● 材料（2人分）

豚こま切れ肉…150g
木綿豆腐…1丁（300g）
ごはん…茶碗2杯分
水…200ml
キムチ…適量
片栗粉…大さじ1
塩…小さじ½
しょうゆ…少々
サラダ油…小さじ2
★ いりごま…大さじ1
ごま油…小さじ½
にんにく（チューブ）
…2〜3cm

● 作り方

1 豆腐は8等分に切り分ける。

2 ポリ袋に豚肉と★の調味料を入れ、よくもみ込む。

3 なべにサラダ油を熱して豚肉を炒め、色が変わったら水を注ぎ、煮立ったら弱めの中火で5分ほど煮込む。

4 豆腐を加え、塩、しょうゆを入れる。煮立ってきたら片栗粉を適量の水（分量外）で溶いたものを回し入れ、とろみをつける。

5 器にごはんを盛って4をのせ、キムチを盛り付ける。

カリカリ油揚げとアボカド丼

こっくりアボカドのさわやかごはん

● 材料（2人分）

油揚げ…1枚
ごはん…茶碗2杯分
アボカド…2個
ポン酢…適量
柚子こしょう（チューブ）
…適量
かつおぶし…2パック（5g）

● 作り方

1 アボカドは食べやすい大きさに切る。細切りにした油揚げは、オーブンもしくはオーブントースターでこんがり焼く。

2 ごはんの上に1をのせ、ポン酢と柚子こしょうを混ぜたものを回しかける。

3 2にかつおぶしをのせて完成。

やさしい味わい
和の
ごはん

家族に
大人気！

ホタテ缶ひとつだけ絶品炊き込みごはん

● **材料（2〜3人分）**

ホタテ缶…1缶
米…2合
青ねぎ…適量

★
和風だしの素…小さじ1
塩…ひとつまみ
白だし…大さじ1.5
酒…大さじ1
みりん…小さじ2

● **作り方**

1 炊飯器に米を入れ、ホタテ缶（汁ごと）と★を入れたら、水（分量外）を2合の目盛りまで入れる。

2 軽く混ぜたら、炊き込みモードで炊飯する。

3 炊き上がったら盛り付け、小口切りにした青ねぎを散らす。

あさりの深い味わいで
しみじみ

あさりのむき身ごはん

● **材料**（2〜3人分）

あさりむき身（冷凍）… 150g
米… 2合
しょうが… 1片

A
- 酒… 大さじ5
- しょうゆ… 大さじ1
- みりん… 大さじ2

B
- 塩… 少々
- 酒… 大さじ1
- めんつゆ… 小さじ2
- みりん… 大さじ1

● **作り方**

1　あさりのむき身は軽く流水で洗い、ざるに上げて水けを切る。

2　しょうがは皮をむき、千切りにする。

3　なべにAの調味料を入れて火にかける。煮立ったらあさりを加え、3分ほど煮て火を止める。あさりと煮汁に分ける。

4　炊飯器に米、B、あさりの煮汁を加え、2合の目盛りまで水（分量外）を入れる。

5　4にしょうがを加えてひと混ぜし、炊飯する。炊き上がったらあさりを上にのせ、5分ほど蒸らす。

とろとろ卵ごはん

● **材料**（2人分）

卵… 3個
ごはん… 茶碗2杯分
サラダ油… 小さじ2
★[砂糖… 小さじ2
  しょうゆ… 小さじ2
  しょうが（チューブ）… 4〜5cm]

● **作り方**

1 卵をボウルに割りほぐし、★を合わせて混ぜる。

2 フライパンにサラダ油を入れてよく熱し、溶いた卵を一気に入れる。ふちが固まりかけたら、ヘラで大きく切るように混ぜ、火を止める。

3 器にごはんを盛り、2をのせる。

> お肉なしで
> あっさり親子丼風

● **材料**（2人分）

サラダチキン… 1パック
油揚げ… 1/2枚
ごはん… 茶碗に軽く1杯分
もち… 2個
しめじ… 1/2房
水… 400ml
★[和風だしの素… 小さじ1
  しょうゆ… 小さじ1
  みそ… 大さじ1]

> もち×ごはんで
> 背徳おいしい

もち入りみそ雑炊

● **作り方**

1 サラダチキンを食べやすい大きさにほぐす。しめじは石づきを取ってほぐし、油揚げは油抜きをして縦半分に切ってから、さらに1cm幅に切る。

2 なべに水を入れて火にかけ、沸騰してきたらサラダチキン、油揚げ、ごはんの順に入れる。ごはんがふっくらしてきたら、しめじを加える。

3 ★で味を付け、もちを加え、やわらかくなるまで煮る。お好みで小ねぎ（分量外）を散らす。

大豆とほうれん草のキーマカレー

● 材料（2人分）
豚ひき肉… 150g
ごはん… 茶碗2杯分
水煮大豆… 100g
冷凍ほうれん草… 60g
カレールウ（辛さはお好みで）… 2個
サラダ油… 適量
★ ┌ 中濃ソース… 小さじ1
  └ ケチャップ… 大さじ1.5

● 作り方
1 なべにサラダ油をひき、中火で豚肉を炒める。

2 水煮大豆、ほうれん草、湯200㎖（分量外）を加える。

3 煮立ったらカレールウを加えて溶かし、弱火にして★を加え、約5分煮る。

4 3をごはんと盛り付けて完成。

おしゃれな
カフェ風ごはん

コーヒーゼリーが
隠し味

簡単ハヤシライス

● 材料（2人分）
豚こま切れ肉… 100〜150g
ごはん… 茶碗2杯分
たまねぎ… 1/2個
コーヒーゼリー… 65〜70gくらい
　（3個パックのうち、1個）
野菜ジュース… 200㎖
みそ… 小さじ1
サラダ油… 適量
★ ┌ 小麦粉… 大さじ1
  └ 塩こしょう… 少々

● 作り方
1 ポリ袋に★と豚肉を入れ、よくまぶす。

2 フライパンにサラダ油を熱し、豚肉、薄くスライスしたたまねぎを炒める。

3 野菜ジュース、コーヒーゼリー、みそを加えて4〜5分煮詰める。

4 3をごはんと盛り付ける。お好みでパセリ（分量外）をごはんに散らす。

卵1個で作るオムライス

● 材料（1人分）
卵… 1個
お好きなライス（ケチャップライス、バターライス、白いごはん等）… 茶碗1杯分
サラダ油… 適量
★ ┌ 砂糖… 小さじ1/2
  │ 水… 大さじ1
  └ マヨネーズ… 小さじ1

● 作り方
1 ボウルに卵1個と★を入れ、よく混ぜる。

2 フライパンにサラダ油をひいて強火にしたら、卵を一気に加え、とろとろ状態で火を止めてライスをのせる。

3 ゴムベラで、卵を中央にたたむようにライスにかぶせる。フライパンの端に寄せ、一気にフライパンを返してくるっと皿に移す。お好みでケチャップ（分量外）をかける。

SNSでも
大人気！

お店の味が
おうちで簡単に

簡単タコライス

● 材料（2人分）
合いびき肉… 150gくらい
ごはん… 茶碗2杯分
カット野菜（レタス、にんじんなど）… 適量
たまねぎ… 1/4個
トマト… 1個
にんにく（チューブ）… 2〜3㎝
チーズ（粉やピザ用など、お好みで）… 適量
オリーブオイル… 適量
★ ┌ カレー粉… 小さじ1
  │ 中濃ソース… 大さじ1
  │ ケチャップ… 大さじ2
  └ はちみつ… 大さじ1

● 作り方
1 たまねぎはみじん切り、トマトは5㎜角に切る。

2 フライパンにオリーブオイルを熱し、たまねぎ、にんにくを入れて炒める。合いびき肉を加え、ほぐすようにして炒め、★を入れて味をなじませる。

3 器にごはんを盛り、カット野菜とトマト、2をのせ、チーズをかけて完成。

辛い食べ物が
苦手な人でも
大丈夫

なすの
和風ガパオライス

● **材料（2人分）**

鶏ひき肉… 150g
ごはん…茶碗2杯分
なす… 2本
たまねぎ… 1/2個
にんにく（チューブ）… 2〜3cm
ごま油…小さじ1
★ しょうゆ…小さじ2
　 酒…大さじ2
　 みりん…大さじ2
　 みそ…小さじ2

● **作り方**

1 ★の調味料は混ぜ合わせておく。

2 なすは1cm角に切って水にさっとさらし、水けを切る。たまねぎはみじん切りにする。

3 フライパンにごま油をひき、にんにくを入れて中火で鶏肉を炒め、色が変わったら、なすとたまねぎを加えてしんなりするまで炒める。

4 ★の調味料を加え、なじませる。

5 4をごはんと盛り付けて完成。

オクラとハムの炒飯

胃もたれしない
あっさり炒飯

● **材料（2人分）**

ハム… 4枚
卵 … 1個
ごはん…茶碗2杯くらい
冷凍オクラ… 100g
ごま油…大さじ1
★ 鶏ガラスープの素…小さじ1/2
　 塩こしょう…少々
　 しょうゆ…小さじ1

● **作り方**

1 フライパンにごま油をひき、オクラと四角く切ったハムを炒める。

2 ごはんを加えて★の調味料、溶いた卵をさらに加え、混ぜ合わせる。

カニカマアボカドグラタン

パーティーにも
おすすめな
映え料理

● **材料（2人分）**

カニカマ…5本
アボカド…1個
ピザ用チーズ…適量
★
┌ 砂糖…小さじ1
│ レモン汁…小さじ1
│ マヨネーズ…大さじ1
└ みそ…小さじ1

● **作り方**

1 アボカドを縦半分に切り、種を取り除いて、実をスプーンで取り出す。皮はきれいに残しておく。

2 ボウルに1のアボカドの実、割いたカニカマ、★を入れ、あえる。

3 アボカドの皮を器にして、2を詰める。

4 ピザ用チーズをのせ、オーブントースターでチーズが溶けるまで焼く。

すりおろしじゃがいもで簡単ドリア

みんな大好きな
ほっこりドリア

● **材料（2人分）**

じゃがいも（すりおろし）
　…1個分
ごはん…茶碗2杯分
市販のたらこパスタソース
　…2袋
ピザ用チーズ…適量
★
┌ コンソメ…小さじ2
│ 牛乳もしくは豆乳
│ 　…200㎖
└ バター…小さじ2

● **作り方**

1 なべにじゃがいも、パスタソース、★を入れ、とろみがつくまで煮る（ホワイトソースの完成）。

2 耐熱皿にごはんを入れ、上に1のホワイトソースをのせる。ピザ用チーズをかけて、トースターで焼き色がつくまで焼いたら完成。お好みで小ねぎ（分量外）を散らす。

チキンポテトグラタン

● **材料**（2人分）

鶏むね肉… 1枚
じゃがいも …小2個
たまねぎ…½個
バター…大さじ2
ピザ用チーズ…40g

薄力粉…大さじ3
コンソメ…大さじ½
牛乳（豆乳でも）…300㎖
サラダ油…小さじ1

● **作り方**

1 じゃがいもは7〜8㎜の半月切りにし、耐熱皿に入れてラップをかけ、500Wのレンジで5〜6分加熱する。

2 フライパンにサラダ油を熱し、ひと口大に切った鶏肉、薄いくし形に切ったたまねぎを炒め、たまねぎが透き通ったらバターを入れる。

3 ボウルに薄力粉を入れ、牛乳を少しずつ加えながら、泡立て器で合わせ、コンソメも加える。

4 2に3を加え、煮立ったら1のじゃがいもを加え、とろみがつくまで煮る。

5 耐熱容器に入れ、チーズを散らして1000Wのトースターで7〜8分焼く。

洋食屋さん風の
豪華おかず

● **材料**（2人分）

シーフードミックス…100g
しらたき…1パック（200g）
たまねぎ…½個
ピザ用チーズ…40g
小麦粉…大さじ3
コンソメ…大さじ½
牛乳…300㎖
サラダ油…適量

● **作り方**

1 しらたきを塩（分量外）でもんで、下ゆでして切っておく。たまねぎを1㎝角に切る。シーフードミックスを解凍しておく。

2 ボウルに薄力粉を入れ、牛乳を少しずつ加えながら、泡立て器で合わせ、コンソメも加える。

3 フライパンにサラダ油を熱し、たまねぎとシーフードミックスを炒め、たまねぎがしんなりしたら2のホワイトソースを入れる。とろみがつくまで煮たら、しらたきを加え、さらにひと煮する。

4 耐熱容器に入れてチーズを散らし、220℃に予熱したオーブンで10分焼く。

しらたきグラタン

意外な
組み合わせが
ベストマッチ

みんな大好き　簡単パスタ

キャベツと干しエビのパスタ

● **材 料（1人分）**

干しエビ… 15g
パスタ（1.6〜1.7mm）… 80g
キャベツ… 80g
ごま油… 適量
和風だしの素… 小さじ1/2
ポン酢… 大さじ1
バター（マーガリンでもよい）… 小さじ1/2

● **作 り 方**

1 キャベツをひと口大のざく切りにする。

2 フライパンにごま油を熱し、キャベツと干しエビを炒め、ゆで上がったパスタ、ゆで汁大さじ1、だしの素を入れてからめる。

3 ポン酢、バターを加えたら、火を止めて余熱であえる。

> 香ばしい香りが
> 食欲をそそる

なすとトマトの冷製パスタ

> 夏バテ中でも
> これなら
> 食べられる

● **材 料（1人分）**

パスタ（1.3〜1.5mm）… 80g
トマト… 1/2個
なす… 1本

★
- 鶏ガラスープの素… 小さじ1
- 砂糖… 小さじ1
- こしょう… 少々
- ポン酢… 大さじ1.5
- オリーブオイル… 小さじ1

● **作 り 方**

1 なすのヘタの周りに浅く切り込みを入れ、ラップでふんわり包み、600Wのレンジで2分加熱する。氷水で冷やした後、手で割く。

2 トマトを角切りにする。

3 パスタは表示より1分長くゆで、ゆで上がったら冷水でよく冷やし、水けを切っておく。

4 ボウルに★を入れて混ぜたら、なす、トマトを加えて軽く混ぜ、パスタを入れてよくあえる。

エリンギ、しめじ、えのきがおすすめ

牛乳とみそで担々風パスタ

● 材料（1人分）

豚ひき肉…70gくらい
パスタ…80〜100g
きのこ類…適量
ごま油…適量

★
鶏ガラスープの素
　…小さじ1
水…200〜300㎖
牛乳（豆乳でも）…100㎖
みそ…大さじ½
にんにく（チューブ）…少量

● 作り方

1 フライパンにごま油をひき、豚肉を炒める。

2 食べやすい大きさに切ったきのこ類を加え、さらに炒める。

3 ★の材料をすべて入れ、軽く煮立たせる。パスタを半分に折って加える。

4 パスタの表示時間通り、弱火でときどきかき混ぜながら加熱する。

喫茶店のナポリタンがやさしい味に

枝豆入り
ひき肉ナポリタン

● 材料（1人分）

豚ひき肉…70g
パスタ…80g
にんじん…¼本
むき枝豆…30gほど
オリーブオイル…小さじ2

★
中濃ソース…大さじ1
ケチャップ…大さじ3
はちみつ…小さじ½

● 作り方

1 にんじんをみじん切りにする。パスタをゆで始め、表示より1〜2分短くゆでる。

2 フライパンにオリーブオイルをひいて、豚肉→にんじん→枝豆の順に炒める。

3 2にゆでたパスタとゆで汁大さじ2くらいを加え、混ぜる。

4 ★の調味料を加え、全体にからめたら完成。

気分でたのしむ
いろいろな
めん

トマトジュースで
和風冷製そうめん

● **材料** (1人分)

そうめん‥70〜80g
ミニトマト…4〜5個
大葉…4〜5枚
なす…1本
きゅうり…⅓本
オリーブオイル…適量
塩…少々
★ 和風だしの素…小さじ½
トマトジュース…100㎖
白だし…大さじ1
オリーブオイル…小さじ1

● **作り方**

1 きゅうり、なすは1㎝角、ミニトマトは半分、大葉は千切りにする。

2 ボウルに★の材料を入れ、よく混ぜ合わせる。

3 フライパンにオリーブオイルを熱してなすときゅうりを入れ、軽く焼き色がつくまで炒め、塩をふる。

4 トマトジュースの入った 2 のボウルに、3 を混ぜ合わせる。

5 そうめんをゆで、氷水で冷やし水けを切って器に盛る。4 をかけ、ミニトマトと大葉をのせて完成。

ジュースが
ソースに早変わり

● 材料（1人分）

カニカマ…3〜4本	鶏ガラスープの素…小さじ½
油揚げ…½枚	塩…少々
中華めん…1袋	★ 酒…大さじ1
白菜の葉…1〜2枚	白だし…大さじ½
	にんにく（チューブ）…少量

● 作り方

1 白菜は千切り、カニカマはほぐしておく。油揚げは細切りにする。

2 めんを600Wのレンジで30秒ほど加熱しておく。

3 油をひかずにフライパンに油揚げを入れ、カリカリになるまで炒め、いったん取り出す。

4 同じフライパンで白菜、カニカマを炒め、中華めんをほぐし入れたら、3の油揚げも入れる。★の調味料で味付けをする。

カニカマ白菜と油揚げの塩焼きそば

きれいな色味で食卓が華やかに

サンラータン風そうめん

● 材料（1人分）

卵…1個	片栗粉…大さじ1
そうめん…70〜80g	ラー油…お好みで
小松菜…1株	ごま油…適量
長ねぎ…5cm	★ 鶏ガラスープの素…大さじ½
にんじん…30g	水…300㎖
えのき…40g	酒…大さじ½
	酢…大さじ½

● 作り方

1 そうめんをゆでて冷水で洗い、水けを切っておく。えのきは長さを半分、ねぎは千切り、にんじんは細切り、小松菜は3cmのざく切りにする。

2 なべにごま油を熱し、にんじんとねぎをさっと炒め、★を加える。煮立ったら、小松菜、えのきを加える。

3 ひと煮立ちしたら、片栗粉を適量の水（分量外）で溶いて加え、とろみがついたら溶き卵を回し入れる。

4 1のそうめんを入れ、少し煮て、ラー油をかける。

すっぱおいしくてクセになる

● 材料（1人分）

そうめん…70〜80g	鶏ガラスープの素…小さじ1
なす…1本	砂糖…小さじ1
冷凍オクラ	★ こしょう…少々
…50gほど	ポン酢…大さじ1.5
	オリーブオイル…小さじ1

● 作り方

1 冷凍オクラを解凍しておく。なすのヘタの周りに浅く切り込みを入れ、ラップでふんわり包み600Wのレンジで2分加熱する。氷水で冷やした後、手で割る。

2 そうめんをゆで、冷水でよく冷やし、水けを切っておく。

3 ボウルに★を入れて混ぜたら、なすとオクラを加えて軽く混ぜ、そうめんを入れてよくあえる。

なすとオクラの冷製パスタ風そうめん

素材の味がきわだつ

ツナマヨ ぶっかけうどん

● **材料（1人分）**

冷凍うどん…1玉

A
- ツナ缶…1缶
- ポン酢…小さじ1
- マヨネーズ…大さじ1

B
- 水…100㎖
- めんつゆ…50㎖

● **作り方**

1 うどんは袋の表示時間通りにレンジで加熱し、冷水で洗って水けを切り、器に盛る。

2 ボウルにAを入れ、混ぜ合わせる。

3 うどんの上に2をのせて、Bの希釈しためんつゆをかけ、お好みで薬味を散らす。

> 嫌いな人が
> いない味

ふわふわかき玉うどん

● **材料（1人分）**

卵…1個

うどん…1玉

片栗粉…大さじ1

水…大さじ2

★
- 和風だしの素…小さじ½
- 水…400㎖
- めんつゆ…大さじ2.5
- みりん…小さじ2
- しょうが（チューブ）…4㎝ほど

● **作り方**

1 片栗粉に水を加え、水溶き片栗粉を作る。

2 なべに★の材料を入れ、煮立たせる。

3 うどんを加えて表記時間通りにゆで、器にうどんのみ盛る。残った汁に1を加え、とろみをつける。

4 沸騰したら溶いた卵を回し入れ、5秒くらいしたら火を止める。うどんの上から器に盛り、完成。

> 胃腸にやさしい
> 名品レシピ

87

仕込みだけでOKの

炊飯器ごはん

「こんなものまで作れるの？」手間なしで時短が叶う、炊飯器活用法を伝授。

チキンのトマト煮込み

● 材料（2人分）

鶏もも肉…1枚
　（むね肉、手羽元でも）
たまねぎ…1個
ピーマン…2個
なす…1本
※野菜はお好きなものを

★
┌ トマト缶…1缶
│ こしょう…少々
│ コンソメ…小さじ2
│ ケチャップ…大さじ1
│ 酒…大さじ1
│ 水…50㎖
│ 砂糖…小さじ1
└ 塩…小さじ½

● 作り方

1 炊飯器に★の材料を入れて、軽く混ぜる。鶏肉と野菜は食べやすい大きさに切る。

2 鶏肉を入れる。

3 お好きな野菜を加え、通常炊飯で加熱する。

すりおろしにんじんとコーン缶の炊き込みごはん

● 材料（2人分）

米…1合
コーン缶
　…小1缶（100g）
にんじん…½本
白だし…大さじ2
酒…大さじ1

● 作り方

1 炊飯器にといだ米、コーン缶の汁、白だし、酒を入れ、水（分量外）を1合の目盛りまで足して混ぜる。

2 すりおろしたにんじんとコーンを入れたら炊き込みモードで炊飯して完成。

和風カオマンガイ

● 材料（2人分）

鶏むね肉…1枚
米…1合
にんじん…50g
油揚げ…1枚

A
┌ 鶏ガラスープの素…小さじ2
│ 酒…大さじ1
│ みりん…小さじ2
│ しょうゆ…小さじ2
└ しょうが（チューブ）…4㎝

B
┌ 長ねぎ（刻み）…⅓本分
│ ポン酢…大さじ2
│ ゆずこしょう（チューブ）…3㎝
└ ごま油…小さじ1

● 作り方

1 米をといでAを加え、1合の目盛りまで水（分量外）を入れ、軽く混ぜる。

2 にんじんは千切り、油揚げは細切りにして、鶏肉と一緒に1の上に。炊き込みモードで炊飯。

3 炊き上がったら鶏肉だけ取り出し、そぎ切りにする。ごはんとにんじん、油揚げをかき混ぜる。鶏肉をごはんに添え、Bを混ぜかけて完成。

ビビンパ

● **材料（2～3人分）**

お好きなひき肉…120g
米…1.5合
もやし…½袋
にんじん（千切り）…½本分
冷凍ほうれん草…50g

★ ⎡ 焼き肉のたれ…大さじ2
　 しょうゆ…小さじ1
　 酒…大さじ1
　 鶏ガラスープの素
　 　　…小さじ1.5
　 ⎣ ごま油…少量

● **作り方**

1　炊飯器に米と★の調味料を入れてから、1.5合の目盛りまで水（分量外）を入れ、ほぐしたひき肉をのせる。

2　野菜をのせ、炊き込みモードで炊飯する。

そぼろちらし寿司

● **材料（2人分）**

鶏ひき肉…100g
米…1合
ミックスベジタブル…70g
ミニトマト…適量

A ⎡ しょうゆ…小さじ1
　 ⎣ しょうが（チューブ）…3cm

B ⎡ 砂糖…小さじ2
　 酢…大さじ1.5
　 ⎣ 白だし…大さじ1.5

● **作り方**

1　鶏肉にAの調味料で下味を付ける。

2　炊飯器に米とBの調味料を入れてから、1合の目盛りまで水（分量外）を入れる。

3　1の鶏肉を加えて軽くほぐしたら、ミックスベジタブルをのせ、炊き込みモードで炊飯する。

4　器に盛り付け、半分に切ったミニトマトをのせて完成。

塩こうじ炒飯

● **材料（2～3人分）**

鮭フレーク…80～100g
卵…1個
米…1.5合
キャベツ…130g
マヨネーズ…小さじ1

★ ⎡ 酒…大さじ1
　 塩こうじ…大さじ2
　 ⎣ ごま油…小さじ1

● **作り方**

1　キャベツは食べやすい大きさに切る。

2　炊飯器に米と★の調味料を入れた後、1.5合の目盛りより少し少なめに水（分量外）を入れ、軽くかき混ぜる。

3　キャベツ、鮭フレークをのせ、炊き込みモードで炊飯する。

4　レンジでいり卵を作る。耐熱容器に卵を溶いて、マヨネーズを入れ混ぜ、ラップをせずに600Wのレンジで1分加熱。いったん取り出してよく混ぜ、ラップをせずに再び600Wで1分加熱し、よく混ぜる。

5　炊き上がった3に4のいり卵を入れ、混ぜ合わせて完成。

ほうれん草と鮭フレークのバターしょうゆ炒飯

● 材料（2人分）

鮭フレーク…60〜70g
米…1合
冷凍ほうれん草…お好みで
長ねぎ（みじん切り）…1/3本分

★
- 和風だしの素…小さじ2
- 酒…大さじ1
- しょうゆ…小さじ2
- みりん…小さじ2
- バター…小さじ1

● 作り方

1 炊飯器に米と★の調味料を入れてから、1合の目盛りより少し少なめに水（分量外）を入れ、軽くかき混ぜる。

2 冷凍ほうれん草、長ねぎ、鮭フレークをのせ、炊き込みモードで炊飯する。

無限ピーマンとれんこんの炊き込みごはん

● 材料（2人分）

ツナ缶…1缶
米…1合
ピーマン…2個
れんこん…100g

★
- 和風だしの素…小さじ1と1/2
- 白だし…大さじ1
- 酒…大さじ1
- みりん…小さじ2

● 作り方

1 ピーマンを細切り、れんこんをいちょう切りにする。ツナは軽く油を切る。

2 炊飯器にといだ米と★の調味料を入れ、1合の目盛りまで水（分量外）を入れて軽く混ぜる。ピーマンとれんこん、ツナをのせ、炊き込みモードで炊飯する。

かぼちゃの煮物

● 材料（2人分）

かぼちゃ…1/4個

★
- 砂糖…小さじ2
- めんつゆ…大さじ1

● 作り方

1 かぼちゃは種を取り、ひと口大に切る。

2 ★の調味料と一緒に炊き込みモードで炊飯する。

> 具材を二重にしたクッキングシートで包み、米1合の上にのせて炊けば、白ごはんも同時調理できる

かぼちゃの
はちみつシナモンサラダ

● 材料（2人分）

かぼちゃ…1/4個

★
- シナモン…小さじ1/2
- 塩…少々
- レモン汁…小さじ1/2
- はちみつ…小さじ2

● 作り方

1 かぼちゃは種を取り、ひと口大に切る。

2 かぼちゃを炊き込みモードで炊飯する。

3 炊き上がったら、かぼちゃをつぶして★を加え、混ぜる。

Part
4

あと一品ほしいときの

おたすけ副菜

もう少し野菜が食べたいときや
お酒をのみたいときの強い味方、副菜。
ヘルシーなのに食べごたえのある頼もしい副菜たちが
わたしの献立を支えています。

アイデア
つくね

お肉感◎で
おなかにたまる

豆腐のひじき入りつくね

● 材料 (2人分)

鶏ひき肉…200g
木綿豆腐…1パック (150g)
ひじき (乾燥)…大さじ1
ごま油…適量

A
　片栗粉…大さじ2
　しょうが (チューブ)…3〜4cm
　めんつゆ…小さじ2

B
　砂糖…大さじ1
　ポン酢…大さじ2
　酒…大さじ1

● 作り方

1　ひじきは水で戻して、ざるに上げ、水けを切る。

2　豆腐はキッチンペーパーで包み、600Wのレンジで2分加熱し、水切りをする。

3　ボウルに鶏肉、1、2、Aの材料を入れ、よく練り混ぜる。

4　平たい丸形に整え、フライパンにごま油を熱して両面をよく焼き、ふたをして弱火で5分蒸し焼きにする。

5　Bの調味料を入れ、全体にからめて完成。

ごぼうの塩つくね

● **材料**（2人分）

鶏ひき肉…200g

木綿豆腐…1パック（150g）

ごぼう…½本

ごま油…適量

A
- 塩…少々
- 片栗粉…大さじ2
- しょうが（チューブ）…3〜4cm
- 酒…大さじ1

B
- ポン酢…大さじ2
- 酒…大さじ1
- みりん…大さじ1

● **作り方**

1 豆腐はキッチンペーパーで包み、600Wのレンジで2分加熱し、水切りをする。

2 ごぼうは粗みじん切りにする。

3 ボウルに1、2、鶏肉、Aの材料を入れてよく練り混ぜ、ひと口サイズにまとめる。

4 フライパンにごま油を熱し、中火で焼いて焼き色がついたら、裏返してふたをして弱火で5分蒸し焼きにする。

5 Bの調味料を回しかけ、少し煮詰めて完成。

おにぎり
リスペクト

のりつくね

● **材料**（2人分）

鶏ひき肉…150g
えのき…1袋（200g）
焼きのり…1枚（全形）
いりごま…大さじ1
サラダ油…大さじ½
★ しょうが（チューブ）…5cmほど
　　めんつゆ…大さじ1

● **作り方**

1 えのきは粗みじん切りにする。

2 鶏肉と1、★をポリ袋に入れて、よく練り混ぜる。

3 焼きのりの上に2をのせ、全面にのばし、ごまをふる。

4 フライパンにサラダ油を熱し、鶏肉だねの面から入れて焼く。こんがり焼けたら裏返して火を通す。

5 食べやすく切って完成。

お豆入りの満腹おかず

大豆入りしそつくね

● **材料**（2人分）

鶏ひき肉…150g
大豆（水煮）…100g
大葉（千切り）…5枚分
パン粉…大さじ1
牛乳…大さじ1
サラダ油…大さじ½
★ ┌ 砂糖…小さじ1
　│ 塩こしょう…少々
　│ みそ…小さじ2
　└ 酒…大さじ1

● **作り方**

1　パン粉を牛乳にひたしておく。

2　ボウルに鶏肉、水けを切った大豆、大葉、1、★の調味料を入れてよく混ぜ合わせ、6〜7等分にして丸める。

3　フライパンにサラダ油を熱し、中火で3分ほど焼いて、裏返してからふたをして弱火で5分焼いて完成。

中濃ソース入りで
濃厚な味わい

厚揚げの肉そぼろ炒め

● 材料（2人分）

豚ひき肉…100g
厚揚げ…小2枚
長ねぎ…1本
サラダ油…大さじ½
★ 鶏ガラスープの素…小さじ½
　 しょうゆ…小さじ2
　 中濃ソース…大さじ2

● 作り方

1 厚揚げはキッチンペーパーに包み、600Wのレンジで30秒ほど加熱して油抜きをし、ひと口大に切る。

2 長ねぎは斜め薄切りにする。

3 フライパンにサラダ油を熱して豚肉を入れたら、かたまりを残すように炒め、肉に火が通ったら厚揚げ、長ねぎを加えてさらに炒める。★の調味料を入れて味をなじませる。

ひじきと青菜の豆腐鶏そぼろ

ごはんにかけても
おいしい

● 材料（2〜3人分）

鶏ひき肉…100g
木綿豆腐…1パック（150g）
ひじき（乾燥）…5g
小松菜…1束
ごま油…大さじ½

★ 砂糖…小さじ2
　 和風だしの素…小さじ1
　 しょうゆ…小さじ2
　 酒…大さじ1
　 みりん…大さじ1

● 作り方

1 ひじきは水で戻してざるに上げ、水けを切る。

2 豆腐はキッチンペーパーで包み、600Wのレンジで2分加熱し、水切りをする。

3 小松菜は1cmの長さに切る。

4 フライパンにごま油を熱し、鶏肉→豆腐→ひじき→小松菜の順で炒める。具材に火が通ったら★の調味料を入れ、水分がなくなるまで煮詰めて完成。

● 材料（2人分）

木綿豆腐…½丁（150g）
にんじん…⅓本
冷凍いんげん…適量
コーン…適量
サラダ油…適量
★ 片栗粉…大さじ2
　 和風だしの素…小さじ1
　 マヨネーズ…大さじ1

● 作り方

1 豆腐はキッチンペーパーで包み、ラップをせずに600Wのレンジで2分加熱し、水切りをする。

2 にんじんは千切り、いんげんは解凍し、小口切りにする。

3 ボウルに粗熱を取った豆腐とにんじん、いんげん、コーン、★の調味料を混ぜ合わせる。

4 食べやすい大きさに丸める。

5 フライパンに底から1cmほどの高さのサラダ油を入れ、両面をカラッとするまで揚げる。

お肉なしのボリュームおかず

いんげんたっぷり　お豆腐でがんもどき風

しらたきたっぷり　ひじきの煮物

● 材料（2〜3人分）

しらたき…1パック（200g）
ひじき（乾燥）…15g
ちくわ…2本
油揚げ…1枚
にんじん…½本
サラダ油…大さじ½

★ 砂糖…大さじ1
　 和風だしの素…小さじ1
　 しょうゆ…大さじ1.5
　 酒…大さじ1
　 みりん…大さじ1
　 水…200㎖

● 作り方

1 ひじきは水で戻し、ざるに上げて水けを切る。しらたきは塩（分量外）でもみ、食べやすい大きさに切って下ゆでする。

2 油揚げはキッチンペーパーに包み、600Wのレンジで30秒ほど加熱し、油抜きして細切り、にんじんは千切り、ちくわは輪切りにする。

3 なべにサラダ油を熱し、ひじきを炒める。

4 残りの材料をすべて加え、炒める。

5 ★を加え、アルミホイルなどで落としぶたをして、煮汁が少なくなるまで弱火で煮る。

どこか懐かしい味

チキンともやしの
のりチーズ炒め

● 材料（2人分）

鶏もも肉…1枚
もやし…1袋
焼きのり…1枚（全形）
ピザ用チーズ…50g
ごま油…小さじ2

A
塩こしょう…少々
しょうが（チューブ）…3〜4㎝

B
ポン酢…大さじ2
酒…大さじ1
みりん…大さじ1

● 作り方

1 鶏肉はひと口大に切り、Aで下味を付ける。

2 フライパンにごま油を熱し、鶏肉を入れて中火で炒める。肉の色が変わったら、もやしを加えて炒め合わせ、Bで味付けする。

3 チーズを加えて溶けるまで炒め、のりをちぎって入れ、ざっと混ぜる。

きんぴら味こんにゃく

● 材料（2〜3人分）

つきこんにゃく…1袋（150g）
いりごま…大さじ1
ごま油…小さじ1

★
砂糖…小さじ2
しょうゆ…大さじ1強
酒…大さじ1

● 作り方

1 こんにゃくは熱湯で3分ゆで、ざるに上げる。フライパンでからいりし、水分を飛ばす。

2 1に★をすべて加え、強火でこげないように炒める。

3 汁けがなくなったらごま油を加え、全体をざっと混ぜ、仕上げにいりごまを加えて完成。

おせんべい感覚で
つまめる

納豆えのき焼き

● **材料（2人分）**

納豆…2パック
えのき…30g
納豆の付属たれ…2袋
片栗粉…大さじ2
サラダ油…大さじ1

● **作り方**

1 えのきは食べやすい大きさ
に切る。

2 1、サラダ油以外の材料を
すべてボウルに入れ、よく
混ぜる。

3 フライパンにサラダ油を熱
し、両面をこんがり焼いて
完成。

● **材料（2人分）**

絹ごし豆腐…1パック（150g）
長いも…200gくらい
薄力粉…½カップ
かつおぶし…1パック（2.5g）
天かす…大さじ2
青のり…適量
ごま油…大さじ1
★┌ 和風だしの素…小さじ1
 └ 水…大さじ1

● **作り方**

1 長いもは千切りにする。

2 ボウルに豆腐、★を入れ、なめらかになるま
で泡立て器などで混ぜ合わせた後、1、ごま
油以外の材料をすべて入れてさらに混ぜる。

3 フライパンを中火で熱し、ごま油をひく。2
を流し入れ、ふたをし、弱火で5分焼く。

4 生地を裏返して4分焼く。

みんな大好き
ほくほく長いも

千切り長いもの とろふわ焼き

チヂミ

しっかり
おなかにたまる
ボリューム副菜

豚肉とキャベツのチヂミ

● 材料（2人分）

豚こま切れ肉 … 50g
キャベツ … 150gくらい
ごま油 … 適量

★ 薄力粉 … ½カップ
　鶏ガラスープの素 … 小さじ1
　水 … 100㎖

● 作り方

1　キャベツは千切りにする。

2　ボウルに1と★の材料を加え、よく混ぜる。

3　フライパンにごま油を熱し、2を流し入れる。豚肉を広げてのせ、焼き色がついたら裏返し両面焼く。

千切り大根のチーズチヂミ

意外な組み合わせが相性抜群

● 材料（2人分）
大根…200g
大根の葉…適量
ピザ用チーズ…50g
ごま油…大さじ1
★
┌ 薄力粉…大さじ1
│ 片栗粉…大さじ2
│ 鶏ガラスープの素…小さじ½
└ 水…大さじ1

● 作り方
1 大根は千切り、大根の葉は細かく刻む。
2 ボウルに1と★の材料を加え、よく混ぜる。
3 フライパンにごま油をひき、両面をこんがり焼く。

生おからでふわふわに

おからたっぷりチヂミ

● 材料（2人分）
魚肉ソーセージ…1本
生おから…50g
ピザ用チーズ…30g
ごま油…大さじ1
★
┌ 薄力粉…大さじ3
│ 片栗粉…大さじ1
│ 鶏ガラスープの素…小さじ1
└ 水…130㎖

● 作り方
1 魚肉ソーセージは食べやすい大きさに切る。
2 ボウルに1、ごま油以外の材料と★を入れ、よく混ぜる。
3 フライパンにごま油を熱し、両面をこんがり焼いて完成。

冷凍ほうれん草とチーズの簡単チヂミ

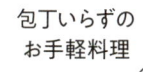

包丁いらずのお手軽料理

● 材料（2人分）
冷凍ほうれん草…100g
卵…1個
ピザ用チーズ…30g
ごま油…大さじ1
★
┌ 薄力粉…大さじ2
│ 片栗粉…大さじ1
│ 鶏ガラスープの素…小さじ2
└ 水…50㎖

● 作り方
1 ほうれん草は600wのレンジで2分ほど解凍する。
2 ボウルに1、ごま油以外の材料と★を入れてよく混ぜる。
3 フライパンにごま油を熱し、両面をこんがり焼いて完成。

ほろにがピーマンで
凝った味わい

豚肉ピーマンの
チーズ入り
ぎょうざ

● **材料**（12個分）

豚ロース薄切り肉… 12枚
ぎょうざの皮… 12枚
ピーマン（細切り）… 3個分
塩こしょう… 少々
ピザ用チーズ… 30g
水… 50㎖
ごま油… 大さじ1

● **作り方**

1 豚肉は半分に切り、塩こしょうをする。

2 ぎょうざの皮に1の豚肉2切れ→ピーマン→チーズを順にのせ、ぎょうざの皮の上部に水をつけて、くるっと巻く。

3 フライパンにごま油をひき、2の巻き終わりを下にして並べ、ふたをして中火で3分焼く。

4 ひっくり返して水を入れ、ふたをして中火で3分蒸し焼きにする。

5 ふたを取り、水分がなくなるまで焼く。

もやしと鶏むね肉の
棒ぎょうざ

シャキシャキもやしの
さっぱりぎょうざ

● **材料**（2人分）

鶏むね肉… 1枚
ぎょうざの皮… 15〜18枚
もやし… ½袋
塩こうじ… 大さじ1
水… 大さじ2
サラダ油… 大さじ1

● **作り方**

1 鶏肉を棒状に切り、塩こうじにまぶし、5分くらいなじませる。

2 ぎょうざの皮に1、もやしをのせ、皮のふちに水をつけて折りたたむように包む。

3 フライパンにサラダ油をひき、巻き終わりを上にして並べ、こげ目がつくまで焼く。

4 こげ目がついたらふたをし、水を入れ、中火で4〜5分蒸し焼きにする。

5 ふたを取り、水分を飛ばす。

● 材料（20個分）

豚ひき肉… 150g
シュウマイの皮… 20枚
梅干し… 2個
キャベツの葉… 2枚
水… 50㎖
ごま油…大さじ1
★┌ しょうゆ…小さじ1
 │ 片栗粉…小さじ2
 │ しょうが（チューブ）… 3㎝
 └ ごま油…少々

● 作り方

1 梅干しは種を取って細かくたたき、キャベツはみじん切りにする。

2 ボウルに豚肉、1、★の調味料を入れ、よく混ぜる。

3 2をシュウマイの皮に塗り、平たくしてぺたんこに折りたたむ。

4 フライパンにごま油をひき、両面に焼き目がつくまで焼いたら水を入れ、ふたをして4分蒸し焼きにする。

5 ふたを開け、強火にしてパリッとしたら完成。

包まない楽ちん
シュウマイ

梅入りぺちゃんこ焼きシュウマイ

ピーマンとひき肉の
カレー風味はるまき

さっぱりのコツは
揚げ焼き

● 材料（5本分）

豚ひき肉… 100g
はるまきの皮… 5枚
ピーマン… 2個
しょうが（チューブ）… 2〜3㎝
にんにく（チューブ）… 2〜3㎝
薄力粉…適量

水…適量
サラダ油…大さじ3
★┌ カレー粉…小さじ1
 │ 砂糖…小さじ1
 │ 酒…小さじ2
 └ しょうゆ…小さじ2

● 作り方

1 ピーマンを細切りにする。

2 フライパンにしょうが、にんにくを入れ、豚肉を炒める。火が通ったらピーマンを入れ、さらに炒める。★を加えて水分がなくなるまで炒めたら、取り出して冷ます。

3 2をはるまきの皮で包み、薄力粉を水で溶いたもので留める。

4 フライパンにサラダ油を入れ、焼き色がつくまで揚げ焼きにする。

少ない油でおいしい 揚げ物

たまねぎカツ

● 材料（2人分）

たまねぎ… 1個
キャベツ…適量
パン粉… 20g
粉チーズ…大さじ1と少々
サラダ油…大さじ3
薄力粉…大さじ3
水…大さじ3
★ ┌ 焼肉のたれ、ケチャップ
　　…各大さじ1
　　└ はちみつ…小さじ1

● 作り方

1 たまねぎは厚さ1㎝の輪切りにする。

2 薄力粉と水を混ぜ、たまねぎをくぐらせる。

3 パン粉と粉チーズを混ぜたら、2をまぶす。

4 フライパンにサラダ油を熱し、きつね色になるまで揚げ焼きにする。お好みで★をすべて混ぜたソースや、キャベツの千切りを添える。

和製
オニオンフライ

じゃがいもフライ

● 材料（2人分）

じゃがいも…2個
薄力粉…大さじ3
水…大さじ3
パン粉…適量
サラダ油…大さじ3

● 作り方

1 じゃがいも2個は8等分のくし形に切り、5分ほど水にさらす。

2 1を耐熱容器に入れ、ふんわりラップをして600Wのレンジで6分加熱する。

3 薄力粉を水で溶いたものに2をくぐらせ、パン粉をまぶす。

4 フライパンにサラダ油を熱し、揚げ焼きにする。お好みでケチャップ（分量外）を添える。

揚げ物も軽めに
楽しむのがわたし流

魚肉ソーセージの カレー風味フライ

おつまみにも、おやつにも

● **材料**（2人分）

魚肉ソーセージ…3本
パン粉…適量
サラダ油…大さじ2

★ カレー粉…小さじ1
　薄力粉…大さじ3
　水…大さじ2

● **作り方**

1 魚肉ソーセージは長さを半分に切り、さらに縦半分に切る。

2 ボウルに★を混ぜ合わせ、1をくぐらせ、パン粉をまぶす。

3 フライパンにサラダ油を熱し、揚げ焼きにする。

● 材料（2人分）

山いも … 200g（10cmほど）
サラダ油 … 大さじ2
★ ┌ コンソメ … 小さじ1
　 │ 塩こしょう … 少々
　 │ 薄力粉 … 大さじ2
　 └ 片栗粉 … 大さじ1

● 作り方

1　山いもは皮をむいて棒状に切り、
　　ポリ袋に入れて★をまぶす。

2　フライパンにサラダ油を熱し、
　　こんがり焼く。

さくさくで手が
止まらない

山いもフライ

ごはんの
おかずになる
卵焼き

さつまいもと黒ごまの卵焼き

● 材料 (2人分)
卵…2個
さつまいも (サイコロ状)
　…大さじ2くらい
サラダ油…適量
★ { 砂糖…小さじ2
　　黒ごま…小さじ1
　　白だし…小さじ1
　　水…大さじ1 }

● 作り方
1 さつまいもは皮をむいて水にさらす。
2 耐熱容器に1を入れ、ふんわりラップをし、600Wのレンジで2〜3分加熱する。
3 ボウルに卵を溶き、2と★を入れて混ぜ合わせる。
4 卵焼き器にサラダ油を入れ、中火にかけてよく熱し、3を3回に分けて流し入れ、焼きながら巻いていく。

ピーマン入り洋風卵焼き

● 材料 (2人分)
卵…2個
ピーマン…1個
コンソメ…小さじ1/2
水…大さじ1
サラダ油…適量

● 作り方
1 ピーマンは粗みじん切りにする。
2 ボウルに卵を溶いて、1、サラダ油以外の材料を入れ、よく混ぜ合わせる。
3 卵焼き器にサラダ油を入れ、中火にかけてよく熱し、2を3回に分けて流し入れ、焼きながら巻いていく。

やさしい甘さで
デザート風

お弁当にもおすすめ
の鮮やかグリーン

食感が楽しい
食べごたえ副菜

ひと口で
多彩な味わい

大葉と
もちチーズ入り卵焼き

● 材料 (2人分)
卵…2個
切りもち…1/2個
大葉 (千切り)…3枚分
ピザ用チーズ…適量
サラダ油…適量

★ { 和風だしの素…小さじ1/2
　　マヨネーズ…小さじ1
　　みりん…小さじ1
　　水…大さじ2 }

● 作り方
1 切りもちは薄くスライスする。
2 卵をボウルに溶き、大葉と★を入れてよく混ぜる。
3 卵焼き器にサラダ油を熱し、2の1/3を流し入れたら、その上に1とピザ用チーズをのせ、奥から手前に巻いていく。さらに2の残りを1/3ずつ流し入れて巻く。

もやしとねぎの卵焼き

● 材料 (2人分)
卵…2個
もやし…1/4袋
長ねぎ (刻み)…1/4本分
塩こしょう…少々
サラダ油…適量
★ { 砂糖…小さじ1
　　めんつゆ…小さじ2 }

● 作り方
1 卵焼き器に油を熱し、もやしを炒め、塩こしょうをして取り出す。
2 ボウルに卵を溶き、1、ねぎ、★を加え、混ぜ合わせる。
3 再び卵焼き器にサラダ油を熱し、2を2〜3回に分けて流し入れ、巻きながら焼く。

もち入り卵焼き

● 材料 (2人分)
卵… 2個
切りもち… 1個
サラダ油… 適量
★［白だし… 小さじ1
　水… 大さじ1

● 作り方

1 切りもちは薄くスライスする。

2 ボウルに卵を溶き、★を混ぜ、卵液を作る。

3 卵焼き器にサラダ油を熱し、2の1/3を流し入れたら、その上に1をのせ、奥から手前に巻いていく。さらに2の残りを1/3ずつ流し入れて巻く。

とろ～り、
作りたてを
召し上がれ

しっかり野菜の
存在感

ちくわと紅しょうが入り卵焼き

● 材料 (2人分)
卵… 2個
ちくわ… 1本
紅しょうが… 小さじ2
サラダ油… 適量
★［マヨネーズ… 小さじ1
　水… 小さじ2

● 作り方

1 ちくわと紅しょうがをみじん切りにする。

2 ボウルに卵を割り入れ、1、★を加えて、よく溶きほぐす。

3 卵焼き器にサラダ油を入れ、中火にかけてよく熱し、2を3回に分けて流し入れ、焼きながら巻いていく。

ピンクの差し色が
かわいい

いつもの煮物を
大胆アレンジ

塩もみ 白菜入り卵焼き

● 材料 (2人分)
卵… 2個
白菜… 60～70g
塩… 少々
サラダ油… 適量
★［和風だしの素… 小さじ1
　水… 大さじ1

● 作り方

1 白菜は5mm幅に切り、塩もみをする。しんなりしたら水けをしぼる。

2 ボウルに卵を溶き、1と★を入れて混ぜ合わせる。

3 卵焼き器に油を入れ、中火にかけてよく熱し、2を3回に分けて流し入れ、焼きながら巻いていく。

ひじきの煮物入り卵焼き

● 材料 (2人分)
卵… 2個
ひじきの煮物… 100gくらい
マヨネーズ… 小さじ1
水… 大さじ1
サラダ油… 適量

● 作り方

1 ボウルに卵を溶いて、サラダ油以外の材料を入れ、よく混ぜ合わせる。

2 卵焼き器にサラダ油を入れ、中火にかけてよく熱し、1を3回に分けて流し入れ、焼きながら巻いていく。

ごはんにのせたり、
おにぎりに

卵みそ

● 材料（2人分）

卵…2個

★
- みそ…大さじ1
- 砂糖…小さじ2
- 牛乳…大さじ1

● 作り方

1　なべに★の材料を入れ、弱火で混ぜながら
　みそを溶かす。

2　ふつふつとしたら、溶いた卵を加え、卵に
　火が通るまでかき混ぜながら炒る。

● 材料（2人分）

卵…1個
絹ごし豆腐…1パック（150g）
梅干し…2個
みそ…大さじ½
片栗粉…大さじ1
水…大さじ1

★
- 鶏ガラスープの素…小さじ2
- しょうが（チューブ）…2〜3cm
- 水…400㎖

● 作り方

1　梅干しは種を取り、たたいておく。

2　なべに★を入れて中火で熱し、沸いてきた
　ら豆腐をスプーンでひと口大にすくって加
　え、弱火で3〜4分煮る。

3　片栗粉を水で溶いて加え、とろみがついた
　ら溶き卵を回し入れ、みそを溶き入れ、梅
　干しを加えて火を止める。

弱った心と
体にしみわたる
絶品スープ

梅みそ卵スープ

レンチンで一気に完成

小松菜とにんじんの柚子こしょうナムル

● 材料（2人分）

小松菜… 1束
にんじん… 1/3本
★ すりごま…大さじ1
柚子こしょう（チューブ）…2〜3cm
めんつゆ…大さじ1
ごま油…小さじ1

● 作り方

1 小松菜は5cmの長さに切り、にんじんは細切りにする。

2 耐熱ボウルに1を入れ、ふんわりラップをかけて、600Wのレンジで4分加熱する。粗熱が取れたら水けを切る。

3 ボウルに2、★を入れてあえる。

ねぎたっぷりツナひじき

ひじきとツナって合うんです

● 材料（2〜3人分）

ツナ缶… 1缶
ひじき（乾燥）… 12g
長ねぎ… 1本
いりごま…大さじ1
ごま油…適量
★ 砂糖…大さじ1
だし汁…200ml
しょうゆ…大さじ1
酒…大さじ1
みりん…大さじ1

● 作り方

1 ひじきは水で戻し、長ねぎは小口切りにする。

2 フライパンにごま油を熱し、1を炒める。

3 長ねぎがしんなりしたら、軽く油を切ったツナと★の調味料を入れ、中火で10分ほど煮詰める。最後にいりごまを加える。

ちくわで作る簡単中華

小松菜の甘酢あえ

● 材料（2人分）

ちくわ… 2本
小松菜… 2株
えのき… 70g
ごま油…適量
★ 砂糖…小さじ1/2
しょうゆ…大さじ1
酢…大さじ1/2

● 作り方

1 小松菜とえのきは5cmの長さに切り、ちくわは薄切りにして、ごま油でさっと炒める。

2 1と★を混ぜ、器に盛って完成。

厚揚げとこんにゃくの豆苗あえ

余熱仕上げで豆苗がしゃっきり

● 材料（2人分）

こんにゃく… 1枚
厚揚げ（正方形）… 2枚
豆苗… 1/2袋
サラダ油…大さじ1/2
A にんにく（チューブ）…2〜3cm
しょうゆ…小さじ1
B しょうゆ…大さじ1
酒、砂糖、オイスターソース…各小さじ1

● 作り方

1 厚揚げはひと口大に切る。

2 こんにゃくは細切りにし、塩（分量外）をふってもむ。熱湯で3分ゆで、水けを切ってAをもみ込む。

3 豆苗は根元を落として、長さを4等分にする。

4 フライパンにサラダ油を中火で熱し、1、2を加えて炒める。

5 全体に油が回ったら、合わせたBを加えて味をからめ、火を止める。豆苗を加え、全体を混ぜ合わせて完成（余熱でOK）。

疲れた日もこれなら作れる

レンジごはん

あわただしい毎日によりそってくれる
電子レンジを使ったレシピたち。

れんこんのソース炒め

● 材料（2人分）

れんこん…1節（250g）
青のり…適量
★ 中濃ソース…大さじ3
　 ごま油…小さじ1

● 作り方

1 れんこんは厚さ5mmの半月切りにし、水にさらす。

2 1の水けを拭き、耐熱皿に入れ、★の調味料を加え、混ぜる。

3 2にラップをふんわりとかけ、600Wのレンジで3分加熱する。

4 いったん取り出し、ラップをはずして全体をよく混ぜ、再びラップをかけて600Wのレンジで2分加熱する。青のりを散らす。

オクラ入りにんじんしりしり

● 材料（2人分）

ツナ缶…1缶
卵…1個
にんじん…1本
冷凍オクラ…40gくらい
★ 砂糖…小さじ1
　 塩…少々
　 和風だしの素…小さじ1/2
　 しょうゆ…小さじ1
　 ごま油…小さじ1

● 作り方

1 にんじんは千切りにし、卵は溶いておく。

2 耐熱ボウルに1、オクラ、軽く油を切ったツナ、★の調味料を入れて混ぜ合わせ、ふんわりとラップをかける。

3 600Wのレンジで3分加熱して取り出し、サッとかき混ぜたら、再度ラップをかけ2分加熱。

● 材料（1〜2人分）

ツナ缶…1缶
長ねぎ…6〜7cm
すりごま…小さじ1
★ みそ…小さじ1
　 砂糖…小さじ2
　 しょうゆ…小さじ1/2
　 しょうが（チューブ）…少々

ごまみそツナ

● 作り方

1 ツナは汁けを切る。長ねぎはみじん切りにする。

2 耐熱容器に1と★を入れて混ぜ合わせたら、ラップをして600Wのレンジで1分加熱する。

3 2に、すりごまを加えて混ぜる。

なすのレンジ蒸し
天かすあえ

● 材料（2人分）

なす…2本
★ 天かす…大さじ2
　 鶏ガラスープの素…小さじ1
　 砂糖…小さじ1
　 ポン酢…大さじ1
　 ごま油…小さじ1

● 作り方

1 なすはヘタの周りに浅く切り込みを入れ、1本ずつラップに包み、2本一緒に耐熱皿にのせて600Wで4分加熱する。

2 1を氷水で冷やし、ヘタを取って、食べやすい大きさに手で割く。

3 ボウルに2を入れ、★を加えてあえ、冷蔵庫で冷やして完成。

かさ増し天津飯

● 材料（1人分）

卵…1個
カニカマ…2本
ごはん…茶碗1杯分
もやし…30gくらい

A ┌ マヨネーズ…小さじ1
  └ 水…大さじ1

B ┌ 鶏ガラスープの素…少々
  │ 砂糖…小さじ2
  │ ポン酢…大さじ1.5
  │ 片栗粉…小さじ1
  └ 水…50㎖

● 作り方

1 耐熱ボウルの底にラップを敷く。もやしを入れて600Wのレンジで2分加熱する。

2 レンジからボウルを取り出し、溶いた卵、割いたカニカマ、Aを入れ、混ぜ合わせる。

3 600Wのレンジで1分加熱して取り出しかき混ぜ、さらに600Wのレンジで1分加熱する。

4 3にごはんをのせて、盛り付けるお皿をかぶせる。ひっくり返して中身を出す。

5 あんを作る。4のボウルのラップをはがし、Bを入れ、混ぜ合わせる。

6 5を600Wのレンジで1分加熱して取り出し、かき混ぜたら、さらに600Wで1分加熱する。

7 4のお皿に6をかけて完成。

ピーマンとちくわのごまあえ

● 材料（2人分）

ちくわ…2本
ピーマン…2個

★ ┌ 砂糖…小さじ1
  │ すりごま…大さじ2
  │ めんつゆ…小さじ2
  └ 白だし…小さじ1/2

● 作り方

1 ピーマンとちくわを食べやすい大きさに切る。

2 耐熱容器に1、★の調味料を加え、軽く混ぜる。

3 ふんわりラップをし、600Wのレンジで3分加熱する。

炒めず炒飯

● 材料（1人分）

卵…1個
かまぼこ（チャーシューやザーサイなどでも）…お好きなだけ
ごはん…茶碗1杯分
長ねぎ（みじん切り）…1/4本分

A ┌ 塩こしょう…少々
  └ マヨネーズ…小さじ1

B ┌ 塩こしょう…少々
  │ しょうゆ…少々
  └ ごま油…小さじ1/2

● 作り方

1 耐熱ボウルに卵、Aの材料を混ぜ合わせる。ラップをかけ、600Wのレンジで30秒加熱し、かき混ぜる。さらに30秒加熱して、いり卵を作る。

2 1のボウルにごはん、ねぎ、かまぼこを入れ、Bの調味料を回しかけ、よく混ぜ合わせる。

3 ラップをかけて600Wのレンジで約2分加熱し、さっくりと混ぜ合わせて器に盛る。

お茶碗で厚焼き卵

● 材料（2人分）

卵…2個
長ねぎ（刻み）…大さじ1
鮭フレーク…お好みで
しょうゆ…小さじ1
ごま油…少量

● 作り方

1 茶碗にラップを敷いて、材料をすべて入れてよく混ぜ合わせたら、そのまま600Wのレンジで50秒加熱する。

2 レンジから取り出して全体に混ぜ合わせ、再度600Wのレンジで1分加熱する。

3 取り出したらラップをきつく巻き、粗熱が取れるまで放置する（余熱で固める）。

column

あるとうれしい

つくりおき

週1回の買い出しで仕入れた材料を
かしこく冷凍保存＆つくりおき。

なすの ラタトゥイユ風

● 材料（作りやすい量）

なす…3本
トマト水煮缶…1缶
にんにく（チューブ）
　…3cmほど
オリーブオイル…適量
★┌コンソメ…小さじ2
　│砂糖…小さじ1
　│しょうゆ…小さじ1
　└水…100㎖

● 作り方

1 なすは皮をしまにむいて、2cmほどの輪切りにする。

2 なべにオリーブオイルとにんにくを入れ、なすがしんなりするまで炒め、トマト缶と★の材料をすべて入れる。

3 ふたをせずに、水分がなくなるまで20分ほど煮込む。

ちくわとピーマンの ひじきあえ

● 材料（作りやすい量）

ひじき（乾燥）…5g
ちくわ…2本
ピーマン…3個
★┌砂糖…小さじ2
　│酢…大さじ1.5
　│しょうゆ…小さじ1
　└ごま油…小さじ1

● 作り方

1 ひじきは水につけて戻し、水けを切る。ピーマンは細切りにする。

2 ちくわは縦半分に切った後、斜めに切る。

3 耐熱ボウルに1を入れ、ふんわりとラップをかけ、600Wのレンジで2分加熱する。

4 水けを切り、ちくわと★を加えてあえる。

鶏もも肉とひじきの煮物

● 材料（作りやすい量）

鶏もも肉…250～300g
ひじき（乾燥）…10g
ごま油…適量
★┌水…200㎖
　│しょうゆ…大さじ1
　│和風だしの素
　│　…小さじ1
　│みりん…大さじ1.5
　│酒…大さじ1
　└砂糖…小さじ2

● 作り方

1 ひじきは水につけて戻し、水けを切る。

2 鶏肉はひと口大に切る。

3 フライパンにごま油をひき、2を焼き目がつくまで炒める。

4 1、★を加え、弱火で汁けが少なくなるまで15分ほど煮込む。

なすとちくわのにんにくみそ炒め

● 材料（作りやすい量）

ちくわ…2本
なす…2本
ピーマン…1個
すりごま…適量
ごま油…大さじ1
★┌砂糖…小さじ1
　│にんにく（チューブ）
　│　…2cm
　│みそ…大さじ1.5
　│しょうゆ…小さじ1/2
　└みりん…大さじ1

● 作り方

1 なすは皮をしまにむいて、ひと口大の乱切りにする。

2 ピーマン、ちくわもひと口大の乱切りにする。

3 耐熱容器に1を入れ、ごま油をまぶす。ふたをずらして置き、600Wのレンジで2分加熱する。

4 2と★を加え、600Wのレンジでさらに1分30秒加熱する。

5 すりごまを加え、全体によく混ぜる。

いろどり豊かな

おにぎり＆
サンドイッチ

さまざまな食材のいろいろな形や色。
じっと見ているとなんだかたのしい！ 素材と色、味をミックスして、
にぎやかなおにぎり＆サンドイッチを作ってみました。
ときめく見た目とおどろきの組み合わせは
家族や友だちにも好評です。

小松菜としば漬けのおにぎり

ごはんと漬物の
ぜいたくマリアージュ

● 材料（2個分）

ごはん…茶碗2杯分
小松菜…大きめ1株
しば漬け…30g
ごま油…適量
★ しょうゆ…小さじ2
みりん…小さじ1
酒…小さじ1

● 作り方

1 小松菜としば漬けはみじん切りにする。

2 フライパンにごま油を熱し、1を入れて炒め、★の調味料で味付けをする。

3 ボウルにごはんと2を入れ、均一に混ぜたら、2等分にしておにぎりにする。

カリカリ焼き油揚げとゆかりおにぎり

油揚げのこってり感
をゆかりが中和

● 材料（2個分）

ごはん…茶碗2杯分
油揚げ…1枚
ゆかり…小さじ2
めんつゆ…小さじ1

● 作り方

1 油揚げは軽くペーパータオルで油を拭き取り、1cm角に切る。

2 フライパンに油揚げを入れ（油はひかない）、カリカリになるまで炒めたら、最後にめんつゆを回しかける。

3 ボウルにごはん、2の油揚げ、ゆかりを入れ、均一になるように混ぜる。

4 2等分にして、おにぎりにする。

子ども心を
くすぐられる

のりたまバター焼きおにぎり

● 材料（2個分）

ごはん…茶碗2杯分
のりたま…大さじ2
バターもしくはマーガリン
　…小さじ1

● 作り方

1　ごはんにのりたまを混ぜ、おにぎりにする。

2　バターを溶かしたフライパンで、おにぎりの両面をこんがり焼く。

緑と赤のきれいな
コントラスト

枝豆と紅しょうがおにぎり

● 材料（2個分）

ごはん…茶碗2杯分
枝豆（冷凍）…正味30g
いりごま…大さじ2
刻み紅しょうが…20g
白だし…大さじ½

● 作り方

1　ボウルに材料をすべて入れ、混ぜ合わせる。

2　1を2等分にして、おにぎりにする。

ざくざくキャベツと
ふわふわ卵

キャベツといり卵おにぎり

● 材 料（2個分）

ごはん…茶碗2杯分
卵…1個
キャベツの葉…1枚
マヨネーズ…小さじ1
★ ┌ かつおぶし…1パック（2.5g）
  │ しょうゆ…小さじ2
  └ ごま油…少量

● 作 り 方

1 キャベツは千切りにし、耐熱容器に入れる。ラップをして600Wのレンジで2〜3分加熱する。粗熱が取れたら、水分をしぼる。

2 レンジでいり卵を作る。耐熱容器に卵1個を溶いて、マヨネーズを入れて混ぜ、ラップをせずに600Wのレンジで1分加熱。いったん取り出してよく混ぜ、再びラップをせずに600Wで1分加熱し、よく混ぜる。

3 ボウルにごはん、1のキャベツ、2の卵、★の調味料を加え、均一になるよう混ぜる。

4 2等分にしておにぎりにする。

● 材 料（2個分）

ごはん…茶碗2杯分
れんこん…40g
にんじん…20g
梅干し…小2個
いりごま…小さじ2
ごま油…適量
★ ┌ しょうゆ、砂糖、みりん、酒
  └ …各小さじ2

おにぎりもしっかり
野菜入りがわが家流

れんこんの炒め煮と梅干しおにぎり

● 作 り 方

1 れんこんとにんじんをみじん切りにし、れんこんは酢水にさらして水けを切る。

2 フライパンにごま油を熱し、1のれんこんとにんじんを炒め、★の調味料を入れて汁けがなくなるまで炒め煮する。

3 ボウルにごはん、2、いりごま、種を取りたたいた梅干しを入れて混ぜ合わせ、2等分にしておにぎりにする。

ひじきとピーマンツナおにぎり

意外な組み合わせが
びっくりおいしい

● 材料（2個分）

ごはん…茶碗2杯分
ツナ缶…1缶
ひじき（乾燥）…5g
ピーマン…1個

★
- 砂糖…小さじ1
- しょうゆ…小さじ2
- 酒…大さじ1
- みりん…小さじ1

● 作り方

1 ひじきは水に戻してざるに上げ、水けを切る。ピーマンは粗みじん切りにする。

2 フライパンにツナ缶の油を入れ、ひじき、ピーマン、ツナを加えて炒める。

3 ★の調味料を加え、煮詰める。

4 ボウルにごはんと3を入れて混ぜ、2等分にしておにぎりにする。

やさしい甘さと
食感

かまぼこといり卵おにぎり

● 材料（2個分）

ごはん…茶碗2杯分
かまぼこ…50g
卵…1個
砂糖…小さじ1
しょうゆ…小さじ2

● 作り方

1 かまぼこは細かく切る。

2 レンジでいり卵を作る。耐熱容器に卵1個を溶き、砂糖を入れて混ぜ、ラップをせずに600Wのレンジで1分加熱。いったん取り出してよく混ぜ、再びラップをせずに600Wで1分加熱し、よく混ぜる。

3 ボウルにごはん、かまぼこ、2、しょうゆを入れて混ぜ合わせ、2等分にしておにぎりにする。

本格カフェ風
サンドイッチ

● 材料（2個分）

食パン（6枚切り）… 2枚
ゆで卵… 2個
ゆかり…小さじ1
マヨネーズ…大さじ2
バター…適量

● 作り方

1　ボウルにゆで卵、ゆかり、マヨネーズを入れ、よく混ぜる。

2　食パンにバターを塗って1をはさみ、クッキングシートをきつく巻いてから半分に切る。

さっぱりだけど
こっくりおいしい

ゆかり入り卵サンド

枝豆入り卵サンド

● 材料（2個分）

食パン（6枚切り）… 2枚
ゆで卵… 2個
むき枝豆… 適量
バター… 適量
★ ┌ マヨネーズ… 大さじ2
　│ 柚子こしょう（チューブ）… 2cm
　└ レモン汁… 小さじ½

● 作り方

1 ボウルにゆで卵、枝豆、★を入れて、よく混ぜる。

2 食パンにバターを塗って1をはさみ、クッキングシートをきつく巻いてから半分に切る。

色合いもきれいな
お豆入りサンド

お好み焼き風卵サンド

● 材料（2個分）

食パン（6枚切り）… 2枚分
卵… 2個
キャベツ（みじん切り）… 2枚
刻み紅しょうが… 小さじ2
お好み焼きソース… 適量
マヨネーズ… 適量
サラダ油… 適量
★ ┌ 和風だしの素… 小さじ1.5
　└ 水… 大さじ1

● 作り方

1 ボウルに卵を溶き、キャベツ、紅しょうが、★を入れて混ぜる。

2 卵焼き器にサラダ油を熱し、1を2〜3回に分けて流し入れ、焼く。

3 食パンにマヨネーズとお好み焼きソースを薄く塗り、2をのせる。

4 もう1枚のパンを重ね、クッキングシートできつく巻いてから半分に切る。

ソースマヨの
外さない味

くったりキャベツが
風味豊かに

夏のお弁当にも
おすすめ

キャベツと柚子こしょう
マヨの卵焼きサンド

● **材料**（2個分）

食パン（6枚切り）… 2枚
卵… 2個
キャベツ… 2枚
めんつゆ… 小さじ2
柚子こしょう（チューブ）… 適量
マヨネーズ… 適量
サラダ油… 適量

● **作り方**

1 キャベツは千切りにし、耐熱容器に入れて
  600Wのレンジで2〜3分加熱する。

2 卵を溶いて、1のキャベツ、めんつゆを入れ、
  よく混ぜる。

3 卵焼き器にサラダ油を熱し、2を2〜3回に分
  けて流し入れ、焼く。

4 食パンにマヨネーズと柚子こしょうを混ぜたも
  のを薄く塗り、3をのせる。

5 もう1枚のパンを重ね、クッキングシートできつ
  く巻いてから半分に切る。

紅しょうが入り
ポテサラサンド

● **材料**（2個分）

食パン（6枚切り）… 2枚
じゃがいも… 小2個
きゅうり… 1本
刻み紅しょうが… 小さじ2
★ 白だし… 小さじ1
  マヨネーズ… 大さじ2.5

● **作り方**

1 きゅうりは輪切りにし、塩（分量外）もみをし
  て水けをしぼる。

2 じゃがいもは皮をむいてひと口大に切り、耐熱
  容器に入れてふんわりとラップをし、600Wの
  レンジで5〜6分加熱する。水けを切り、1のき
  ゅうり、紅しょうが、★を加えて、熱いうちに
  よくつぶしながら混ぜる。

3 食パンに2をはさみ、クッキングシートできつ
  く巻いてから半分に切る。

じゃがいも
オムレツサンド

● 材料（2個分）

食パン（6枚切り）… 2枚
卵… 2個
じゃがいも… 小1個
ハム… 1枚
ケチャップ… 適量

にんにく（チューブ）
　… 少量
サラダ油… 適量
★ ⎰ 砂糖… 小さじ1
　⎱ マヨネーズ… 小さじ2

● 作り方

1　ハムはみじん切り、じゃがいもは5mm角にカットして水にさらし、水けを切る。じゃがいものみ耐熱容器に入れ、ラップをして600Wのレンジで2分ほど加熱する。

2　ボウルに卵を溶き、1のハム、じゃがいも、★の調味料を入れ、混ぜる。

3　卵焼き器にサラダ油を熱し、2を2〜3回に分けて流し入れ、焼く。

4　食パンにケチャップとにんにくを混ぜたものを薄く塗り、3をのせる。

5　もう1枚のパンを重ね、クッキングシートできつく巻いてから半分に切る。

しば漬け入り
だし巻き卵サンド

● 材料（2個分）

食パン（6枚切り）… 2枚
卵… 2個
しば漬け（刻み）… 大さじ2
マヨネーズ… 適量
サラダ油… 適量
★ ⎰ 和風だしの素… 小さじ1/2
　│ 水… 小さじ1
　⎱ みりん… 小さじ1

● 作り方

1　ボウルに卵を溶いて、しば漬け、★を入れ、よく混ぜる。

2　卵焼き器にサラダ油を熱し、1を2〜3回に分けて流し入れ、焼く。

3　食パンにマヨネーズを薄く塗り、2をのせる。

4　もう1枚のパンを重ね、クッキングシートできつく巻いてから半分に切る。

家族もうれしい
組み合わせ

漬物とパンが
思いがけず合う

昨日のつくりおきが
大活躍

ありそうでなかった
組み合わせ

かぼちゃの煮物
リメイクサンド

● 材料（2個分）

食パン（6枚切り）…2枚
かぼちゃの煮物…5〜6個
バター…適量
★ メープルシロップ…大さじ1
　 シナモン…適量

● 作り方

1 かぼちゃの煮物をフォークで
　 つぶし、★を入れ、よく混ぜ
　 る。

2 食パンにバターを塗って1を
　 はさみ、クッキングシートを
　 きつく巻いてから半分に切る。

いんげんたっぷり
卵サンド

● 材料（2個分）

食パン（6枚切り）…2枚
ゆで卵…2個
冷凍いんげん…6〜7本
バター…適量
★ マヨネーズ…大さじ2
　 柚子こしょう（チューブ）…2cm
　 レモン汁…小さじ½

● 作り方

1 冷凍いんげんは600Wのレン
　 ジで1分30秒加熱し、細か
　 く切る。

2 ボウルにゆで卵、1のいんげん、
　 ★を入れ、よく混ぜる。

3 食パンにバターを塗って2を
　 はさみ、クッキングシートを
　 きつく巻いてから半分に切る。

手間いらずの

簡単お菓子

SNSでお菓子レシピを紹介したら、思いがけず大反響。
「簡単にできて、やさしいお味」と好評です。
本書の最後に、お菓子のレシピもおすそわけ。

SNSで
大バズりした名品

すぐできる チョコスコーン

● 材料（6個分）

板チョコ…1枚

A
- 薄力粉…150g
- 砂糖…大さじ2
- 塩…ひとつまみ
- ベーキングパウダー …小さじ1.5

B
- 牛乳（または豆乳） …大さじ4
- 酢…小さじ½
- お好みの油…大さじ3

● 作り方

1 オーブンを200℃に予熱しておく。

2 Aの材料をボウルに入れ、泡立て器でぐるぐる混ぜる。

3 Bの材料を別のボウルか器に入れ、油と水分がなじむまで混ぜる。

4 2に3を加えてさっくりと混ぜる。8割くらい混ざったら手で割ったチョコレートを加え、さっくり混ぜる（このとき、決して練らない）。

5 手でひとかたまりにして15×10㎝くらいに広げ、包丁で6個に切る。

6 200℃のオーブンで15〜18分焼いて完成。

ふわふわで
いくらでも食べられる

コーンフレーク入り
ヘルシーマフィン

● 材料（口径6.5cmのマフィン型6個分）

バナナ…小2本
ホットケーキミックス…105g
ココアパウダー…15g
コーンフレーク…30g
★ 　水…大さじ2
　　オリーブオイル…大さじ1
　　メープルシロップ…大さじ2

● 作り方

1 オーブンを190℃に予熱する。

2 バナナは輪切りにして12枚を飾り用に取り、残りは
ボウルに入れて泡立て器でつぶし、★を加えてよく混
ぜる。

3 ホットケーキミックスとココアパウダーを加えて、粉
っぽさがなくなるまで混ぜる。

4 コーンフレークを加え、ざっくり混ぜる。

5 マフィン型に流し入れ、飾り用のバナナをのせる。

6 190℃のオーブンで15〜17分焼く。

簡単なのに
手の込んだ味わい

レンジで
マーラーカオ風蒸しパン

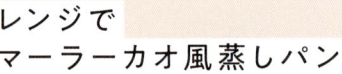

● 材料（縦11×横15.5×
高さ5cm程度の食品保存容器1つ分）

薄力粉…100g
重曹…小さじ½
サラダ油…大さじ1
レーズン…適量
★ 　砂糖…40g
　　水…85mℓ
　　酢…大さじ1
　　しょうゆ…小さじ½

● 作り方

1 ボウルに★の材料を入れ、よく
混ぜ溶かす。

2 1に薄力粉と重曹を入れたら、
サラダ油を加え、泡立て器で粉
っぽさがなくなるまで混ぜる。

3 クッキングシートを敷いた食品
保存容器に生地を流し入れ、レー
ズンを散らす。600Wのレン
ジで3〜4分加熱して完成。

豆乳入りで
さっぱりな味

ココア入り
豆乳蒸しパン

● 材料（18cmせいろ1台分）
豆乳（牛乳でも可）… 100g
砂糖… 30g
サラダ油…大さじ1
★┌ 薄力粉… 95g
　│ ココアパウダー… 5g
　│ 重曹…小さじ½
　└ ベーキングパウダー…小さじ½

● 作り方

1　★は合わせてふるっておく。

2　ボウルに砂糖と豆乳を入れて混ぜ、サラダ油を少しずつ加え、泡立て器でよく混ぜる。

3　2に★を加え、ダマができないように泡立て器でよく混ぜる。

4　クッキングシートを敷いたせいろに生地を流し、ふたをして20〜30分中火で蒸して完成。

溶かして固めるだけの
簡単デザート

材料3つで
チョコ風ババロア

● 材料（2人分）
牛乳… 150ml
マシュマロ… 60g
粉末ココア…大さじ1

● 作り方

1　材料をすべてなべに入れ、泡立て器でかき混ぜながら、沸騰させないように弱火で煮溶かす。マシュマロが溶けたら火からすぐに下ろす。

2　お好みの器に入れ、冷やし固める。

咲

料理家、食育アドバイザー。SNSで発表したレシピが「簡単なのに体によさそうで、ほっとする味」と話題に。少ない買い出しで無理をしない、たまのひとりランチを楽しむ、家族との団らんを大切にするなど、穏やかで豊かな暮らしぶりにも注目が集まっている。

X：Sakichan1230
Instagram：sakichandayo1230

気負わず作れて満たされる
よりそいごはん

2024年9月3日　初版発行

著者　咲

発行者　山下 直久

発行　株式会社KADOKAWA
　　　〒102-8177　東京都千代田区富士見2-13-3
　　　電話0570-002-301（ナビダイヤル）

印刷所　大日本印刷株式会社

製本所　大日本印刷株式会社